Patrice LEROY
KUNIEDA Takahiro

REFLEXION

Méthode FLE Vidéo
Editions ASAHI

Intro-préface

Dialogue 1, version 1
-Tu t'appelles Taka ? Tu es cambodgien ?
- Non, je suis japonais et toi ?
- Moi, je suis français !
- Ah, c'est pour ça que tu t'appelles Patrice.
- Oui, c'est ça. Bon, ben, au revoir !

Un tel dialogue laisse rêveur tant il est surréaliste. Ionesco en aurait fait une nouvelle pièce de théâtre, « La leçon 2 », très probablement.

Dialogue 1, version 2
- T'es japonais ? T'es donc qu'un sale mangeur de baleines venu du pays du plastique levant et de l'emballage polluant à tous crins !
- Oh ça va ! J'ai pas de leçons à recevoir d'un sale Français au sens propre parce qu'il se lave que quand il a le temps et qui frime avec sa technologie nucléaire pourrie !

Là, je frise la correctionnelle et l'incident diplomatique.

Bref, entre le vide intersidéral de la première version qui caractérise nombre de manuels, chantres d'une harmonie intense entre gens qui n'ont absolument rien à se dire et l'agressivité gratuite (certes exagérée, je vous le concède) de la deuxième qui renvoie systématiquement l'autre dans les cordes du périmètre réduit de sa nationalité en lui reprochant les décisions absurdes de son gouvernement, il y a une marge, non ?
De cette constatation est née une réflexion très…euh, comment dire ?... TakaPato ! (entre Kunieda et moi pour les non-initiés) : Comment aborder une langue étrangère si on n'a rien à dire dans sa propre langue ? Comment motiver un·e étudiant·e à découvrir l'autre tout en réfléchissant à sa propre appartenance socio-culturelle, autrement dit, comment réaliser son altérité à travers l'autre ? Comment lui faire comprendre qu'une langue étrangère n'est pas qu'une simple traduction google : *bonjour* n'est pas *konnichi wa*, loin s'en faut, tant la conceptualisation et la contextualisation de ces mots sont différentes dans leurs langues respectives ?
Comment l'amener à réaliser qu'une langue étrangère n'est pas qu'un objet d'évaluation académique ? Comment lui faire ressentir que cette nouvelle langue n'est pas ennemie mais amie, dans le sens le plus noble du terme, compréhension et amour de l'autre ?
Ce manuel - j'avais pourtant juré de ne plus en écrire - qui porte pompeusement le titre de « REFLEXION » n'est qu'une ébauche de réponse bien imparfaite à toutes ces questions.

Les auteurs

はじめに

　この教科書のタイトルは Réflexion です。辞書を引くと「熟考、省察」と訳語が載っていますが、つまりは「よく考えること」を意味します。
　外国語を学ぶ以上、その言語で話してみたいと誰もが思うことでしょう。しかしただ話せればそれで外国語学習の目標に達したと言えるでしょうか。多少たどたどしくても、話している内容こそが大切ではないでしょうか。これからの社会では、自分の意見をきちんと表明できることが間違いなく求められるはずです。ことばが違う人との間ならばなおのこと、自分がどんな意見の持ち主なのか、相手にきちんと伝えることが重要になります。自分の意見を持つために必要なこと、それが「よく考えること」なのです。
　この教科書は、フランス語の発音・文法の説明だけではなく、みなさんの意見を尋ねる質問が数多く用意されています。同時に単語や表現も豊富に紹介してありますから、それらを用いてフランス語で自分の考えを表明することができます。さらに自分の考えを深めるためには、他の人の考えを聞き、自分の考えと対比させることが重要です。そのためこの教科書には、グループで一緒に作業をし、議論をするためのアクティビティがやはり多く用意されています。
　この教科書を使うとき、教室での主役はまさにみなさん自身です。まずは自分はどう思うかよく考え、自分の意見をクラスメートに伝えましょう。そしてクラスメートの意見もよく聞いて、自分の考えを深めていってください。そうした学びを続けていくことで、やがてはみなさん自身の社会や世界に対するまなざしも変わってくることでしょう。「ことばを学ぶこと」「考えること」「社会や世界に目を開くこと」。その3つは強く結びついているのです。

著者一同

各課のアイコンについて

 ：ビデオを見ましょう。

 ：グループディスカッションをしましょう。（3～4人）

 ：音声を聞きましょう。

Table des matières

Leçon 1 **Dans une boulangerie** ···················· 2
文法：数詞 / Un pain au chocolat, s'il vous plaît.
数詞 1～10

Leçon 2 **À la terrasse d'un restaurant** ············ 6
-er 動詞の活用、所有形容詞 2 / Et mon café ?
数詞 11～20

Leçon 3 **Dans une colocation** ······················ 10
動詞 aller の活用、定冠詞 / Je vais à la supérette.

Leçon 4 **Dans un magasin d'électroniquee** ········ 14
動詞 avoir の活用 / Vous avez le ticket ?
数詞 20～99

Leçon 5 **Dans jardin public** ·························· 18
動詞 être の活用 / Vos cours sont intéressants ?
数詞 100 以上

Leçon 6 **Dans la cuisine d'un appartement** ········ 22
比較級 plus que / Ça sent bon.
国籍、様々な形容詞 1

Leçon 7 **Dans le petit appartement d'un couple...** ········ 26
否定文、様々な形容詞 2 / T'as jamais envie de rien faire.

Leçon 8 **Dans la salle de bains d'un appartement...** ······ 30
近接未来 , 間接目的代名詞 / Je vais t'expliquer.
感想を述べる

| Leçon 9 | **Dans une des boutiques d'un célèbre fabriquant d'ordinateurs...** ················ 34 |

直接目的語、半過去の作り方、動詞 pouvoir / Vous pourriez le reprendre ?

| Leçon 10 | **À la terrasse d'un café...** ················ 38 |

複合過去の作り方、不定代名詞 rien / J'ai (je n'ai) rien vu.

| Leçon 11 | **Retour de fête dans une cage d'escalier...** ········ 42 |

関係代名詞《 qui 》と《 que 》 / J'ai la tête qui tourne.
avoir を使った様々な表現

| Leçon 12 | **Sur le périphérieque parisien...** ················ 46 |

単純未来の作り方 / Tu prendras le prochain.

| Leçon 13 | **Devant un distributeur automatiquee de billets...** ····· 50 |

代名動詞 / Je me suis trompé trois fois de code.

| Leçon 14 | **Devant la télé, un jeune couple...** ················ 54 |

間接疑問文 / Je n'entends pas ce qu'il dit !

| Leçon 15 | **Dans la cuisine d'un appartement de banlieue...** ····· 58 |

接続法の作り方 / Qu'est-ce que tu veux que je te dise ?
Qu'est-ce que を使った表現

| Leçon 16 | **À la réception d'un hôtel...** ················ 62 |

条件法現在の作り方、動詞 vouloir / Nous voudrions changer de chambre.

| +α | アルファベ・綴り字記号・読み方の規則／数字・月・曜日　まとめ ··· 64 |

このテキストの映像と音声は下記 HP より視聴可能です。
https://text.asahipress.com/free/french/reflexion/index.html

Leçon 1 — Dans une boulangerie

Client : **Bonjour, un pain au chocolat, s'il vous plaît.**

Vendeuse : **Avec ceci, Monsieur ?**

Client : **Ce sera tout, merci.**

Vendeuse : **Alors, 1,20 €, s'il vous plaît !**

発音

avec ceci ?

[a-vɛk-sə-si]

[vɛ]
［v］の音は、上前歯で軽く下唇をかんで。

[sə]
ce は「セ」ではなく、「ス」［sə］。あごをすとんと落とします。

文の理解

Un pain au chocolat, s'il vous plaît.
　　①　　②　　　　　　　③

① 数詞（男性）
　男性名詞につける「1つの」は un です。

② 名詞（男性）
　フランス語の名詞は男性か女性に分類されます。pain「パン」は男性名詞です。ただし男性か女性かは単語を見てもわかりません。その前につく un で男性だとわかります。

③ 何かを頼むときの決まり文句。

Du classique... 基本文法

ひとつの〜

「ひとつの〜」と言うとき、男性名詞の場合と、女性名詞の場合とでは形が違います。

数詞（1つの〜）

男性・単数	女性・単数
un croissant	**une tarte**
クロワッサン	タルト

Exercice... 練習問題

男性名詞には un、女性名詞には une をつけて名詞を発音してみましょう。

1. (　　　) sandwich サンドイッチ 男
2. (　　　) baguette フランスパン 女
3. (　　　) éclair au café　コーヒーエクレア 男
4. (　　　) brioche ブリオッシュ　女
5. (　　　) macaron マカロン　男

au moins classique　表現活動

« BONJOUR »

次のリストの場所で、bonjour を言う状況をグループで考えてみましょう。
リスト以外の場所も付け加えて考えてみましょう。

D'après vous, quels sont les lieux ou situations dans lesquelles vous allez dire « Bonjour ! » en entrant ou en voyant une personne ?

1. Dans un aéroport, au contrôle des passeports
2. Dans une boulangerie
3. Dans un supermarché (hypermarché, grande surface)
4. Dans un hôtel, à la réception
5. Dans la rue, à un policier auquel vous voulez demander un renseignement
6. Dans un bureau d'informations touristiques
7. Dans une rame de métro
8. Dans un taxi, au chauffeur de taxi
9. Dans les grands magasins (Printemps, Galeries Lafayette, Samaritaine, etc.)
10. Dans la salle d'attente d'un dentiste (médecin, pédiatre, psychologue, gynécologue, oculiste, opticien, etc.)
11. Dans une laverie automatique
12. Dans un musée, à l'intérieur d'une salle d'exposition

Basique de chez Basique　基礎の基礎

1. ヴィデオ[1-2]を見て、1 から 10 まで数えましょう。
Regardez la vidéo [1-2] et apprenez à compter de 1 à 10.

0	1	2	3	4	5	6	7	8	9	10
zéro,	un,	deux,	trois,	quatre,	cinq,	six,	sept,	huit,	neuf,	dix.

2. クラスにあるものを数えてみましょう。（机、椅子、先生、ペットボトルなど）
Dénombrez les êtres ou les choses autour de vous (bureaux, chaises, professeurs, bouteilles en plastique, etc.)

Différence culturelle 異文化発見

Leçon 1

ヴィデオ[1-3]を見ながら、それぞれの品物のフランスの値段と日本の値段を比較してみましょう。

À l'aide de la vidéo [1-3], comparez, pour un même article, les prix pratiqués au Japon et en France. Des commentaires ?

	baguette	onigiri	journal	quiche	bouteille AOC
Yen ¥					
Euro €					

Similitudes & Déjà-vu ?

フランス語の単語と日本語の単語を一致させましょう。それらを比べるとどんなことが言えますか。

Établissez les correspondances ! C'est facile ?
Peut-être, et pourtant une chose ne va pas. Cherchez bien !

Leçon 2 — À la terrasse d'un restaurant

Client : **S'il vous plaît.**
Serveur : **Ouais, ouais, j'arrive, j'arrive !**
(...)
Client : **Pardon, pardon !**
Serveur : **Oui, je suis à vous dans un instant.**
(...)
Client : **Alors, elle vient, ma salade ?**
Serveur : **Oui, ça vient, ça vient !**
(...)
Client : **Et mon café ?**
Serveur : **Ça vient, ça vient !**

発音

Ça vient !
[sa-vjɛ̃]

[sa]
ca は「カ」だが、ça は「サ」と発音。c の下の記号をセディーユ (cédille) と言います。

[jɛ̃]
・口は大きく開いて唇は引きます。
・鼻と口から強く息をはきます。

文の理解

Et mon café ?
①

① 所有形容詞（私の）
mon（私の）は、所有されているものが男性名詞のときの形です。
サラダは ma salade、オムレツは mon omelette、ケーキ（複数）は mes gâteaux です。規則を考えましょう。

Du classique... 基本文法

-er 動詞の活用

　フランス語の動詞は、主語に合わせて形が変化します。これを「活用（conjugaison）」と呼びます。ここでは、フランス語の動詞の 90%をしめる、もともとの形が -er で終わっている動詞の、「私は」(je、j')のときの変化について勉強しましょう（それ以外の活用→ p.68）。ここでは er 動詞で最もよく使われる arriver を例にしましょう。

もともとの形　→　je のときの形
arriver → **j'arriv<u>e</u>**

　母音字の前で je は j' となります。　je のとき語尾は e で終わるが、この e は発音しないので「ヴ」となります。

passer → **je pass<u>e</u>**
je はそのまま
「パス」とひとかたまりで発音。

dialogue の中の動詞を探してみましょう。

Exercice... 練習問題

正しい文になるように動詞を選択し、活用して、(　　) の中に入れましょう。
また Je か J' のどちらか正しい方を選びましょう。

Liste : détester penser aimer écouter regarder manger parler

1. Je □ / J' □ (　　　　　　) français.
2. Je □ / J' □ (　　　　　　) le bus.
3. Je □ / J' □ (　　　　　　). Donc je suis.
4. Je □ / J' □ (　　　　　　) Marseille.
5. Je □ / J' □ (　　　　　　　) la radio tous les matins.

Je suis ou J'essuie

au moins classique 表現活動

1. 次の１から５のことをするために、フランス語では « pardon » を使います。それぞれの具体的なシチュエーションを考えましょう。日本語では同じシチュエーションでどんな表現を使いますか。Pourriez-vous imaginer des situations correspondant à ces 5 actes de paroles pour lesquels les Français utilisent « Pardon ! » ? En est-il de même au Japon ? Y a-t-il d'autres situations ?

1. Attirer l'attention
2. Reconnaître sa responsablité ou s'excuser
3. Demander à répéter ou à préciser
4. Demander une permission
5. Exprimer son désaccord

2. ヴィデオ [2-2] を見ながら、上の１から５のどの行為をしているか考えましょう。
En regardant la vidéo [2-2], retrouvez l'acte de parole.

CLIP 1	CLIP 2	CLIP 3	CLIP 4	CLIP 5

Basique de chez Basique   基礎の基礎

1. ビデオ [2-3] をみて、11 から 20 まで数えましょう。
Regardez la vidéo [2-3] et apprenez à compter de 11 à 20.

2. クラスにいる人、モノを数えましょう（机、椅子、学生の数など）。
Dénombrez les êtres ou les choses autour de vous (bureaux, chaises, le nombre d'étudiants, etc.)

  11   12   13   14   15   16   17   18   19
onze, douze, treize, quatorze, quinze, seize, dix-sept, dix-huit dix-neuf,
  20
vingt.

Différence culturelle 異文化発見

1. 次の4つの写真を見て、フランスと日本のレストランについてどんなことが言えますか。
Que pouvez-vous dire en regardant ces quatre photos à propos du service fourni au Japon et en France ?

2. ディアローグのヴィデオを見て、フランスの serveur と日本のウェイターの態度を比較しましょう。Regardez à nouveau la vidéo et comparez la relation client/serveur dans un contexte japonais et français.

Similitudes & Déjà-vu ?

ヴィデオ[2-4]を見て、登場人物が oui と言っているか
それとも ouais と言っているかを聞き取りましょう。
Vidéo [2-4] : Le personnage répond-il par « oui » ou par « ouais » ?

CLIP 1	OUI ☐	OUAIS ☐
CLIP 2	OUI ☐	OUAIS ☐
CLIP 3	OUI ☐	OUAIS ☐
CLIP 4	OUI ☐	OUAIS ☐

JE PASSE L'ASPIRATEUR, DONC, J'ESSUIE !

Leçon 3 — Dans une colocation

Colocataire 1 : **Pardon ! pardon !**

Colocataire 2 : **Mais, mais tu vas où ?**

Colocataire 1 : **Je vais à la supérette ! Mes amis arrivent bientôt.**

Colocataire 2 : **Ben, parfait, achète-moi un gâteau, une bouteille de champagne et des magazines, s'il te plaît !**

Colocataire 1 : **Et... avec ceci ?**

Colocataire 2 : **Oh, pardon !**

発音

Achète-moi une pile
[a-ʃɛt-mwa-yn-pil]

[ʃ]
ch は「ʃ」と発音します。舌の先を、口の上すれすれまで上げて空気の流れを邪魔します。

[ɛ]
e の上の (ˋ) は accent grave と言います。口をしっかり開け、唇を引いて「エ」と発音します。

[wa]
唇は突き出しておいて、一気に「ワッ」と引きます。

文の理解

Je vais à la supérette.
　①　　②　　　③

① 主語
je は「私は」という意味です。

② 動詞
aller は「行く」という意味です。je のときは vais という形になります。

③ 場所
「どこどこに」と場所を言う場合「〜に」にあたるのが à です。la は女性名詞につける定冠詞です。男性名詞には le、単数には男・女問わず les をつけます。

Du classique... 基本文法

動詞 aller の活用

aller は、もともとの動詞の形と活用の形がかけ離れているのでしっかり覚えましょう。je, tu, il / elle の活用を学びます（それ以外の活用→ p.72）。

もともとの形　→　je のときの形

aller　→　**je vais**

「（親しい）あなたは」tu、「彼／彼女は」il / elle と言います。それぞれを主語にして aller を活用します。

tu のときの形　　　il/elle のときの形
（親しいあなた）　　（彼は、彼女は）

tu vas　　　**il va / elle va**

音は「ヴァ」　　　音は「ヴァ」
-s は発音しない。

Exercice... 練習問題

単語を並べかえて文をつくりましょう。不要な語も入っているので注意しましょう。

1. il | à | le | vais | va | Paris　　彼はパリに行く。

   _____

2. Berlin | à | tu | va | vas | au　　あなたはベルリンに行く。

   _____

3. va | la | je | vais | à | Londres　　私はロンドンに行く。

   _____

4. elle | Genève | en | vas | va | à　　彼女はジュネーヴに行く。

   _____

5. dans | tu | vais | à | vas | Rome　　あなたはローマに行く。

   _____

au moins classique 表現活動

1. 1 から 13 のフランス語の意味を調べましょう。次にこれらの表現が使われている場所や状況を音声を聞きながら考えましょう。En écoutant ces différents clips sonores, pouvez-vous deviner dans quel contexte on se situe ? Vous chercherez en groupe la signification de chacune des expressions utilisées.

1. Avec ceci ?
2. Ce sera tout ?
3. Vous prendrez un petit café ?
4. Vous désirez autre chose ?
5. Ça a été ?
6. Je peux vous aider ?
7. (Si vous avez des questions) n'hésitez pas à me demander !
8. Il vous faut autre chose ?
9. Tout se passe bien ?
10. Et pour l'entretien ?
11. Vous avez tout ce qu'il faut ?
12. Un petit accessoire ?
13. Vous cherchez quelque chose de précis ?

2. 次のリストは、上の質問をされたときの答えです。上の質問と対応させましょう。
Essayez de répondre aux questions précédentes avec les réponses du tableau ci-dessous.

| A. | Oui, oui ! | B. | Non, non ! | C. | Ce sera tout ! |
| D. | Ça va ! | E. | Parfait ! | F. | Très bien ! |

+ Merci

3. ディアローグで avec ceci ? と言われて怒った理由を考えましょう。
Dans le dialogue principal, quel est le sens de « avec ceci. » ?

☑ Basique de chez Basique 基礎の基礎

1. 数字をマスターしましょう。
trente, quarante, cinquante, soixante, soixante-dix, quatre-vingts, quatre-vingt-dix

2. どの順番で読んでいるでしょうか。□に数字を記入しましょう。そのあと自分でも読んで見ましょう。Dans quel ordre les avez-vous entendus ?
À votre tour, lisez-ces chiffres.

| 31 □ | 45 □ | 67 □ | 88 □ | 15 □ |
| 29 □ | 71 □ | 95 □ | 12 □ | 52 □ |

3. ヴィデオ[3-2]を見て、会話の電話番号を聞いて、正しい番号に✓をつけましょう。
Regardez la vidéo [3-2] et retrouvez le bon numéro de téléphone.

1	01-32-48-67-77 □	01-32-88-67-17 □	01-32-88-67-77 □
2	06-80-16-10-08 □	06-80-14-16-18 □	06-94-16-18-28 □
3	04-61-15-98-13 □	04-81-55-31-13 □	04-71-55-98-13 □

Différence culturelle 異文化発見

1. ヴィデオ [3-3] を見て、シチュエーションを理解するとともに、聞き取れる言葉があるかどうか探してみましょう。日本では同じシチュエーションでどうするか比べてみましょう。
Regardez la vidéo [3-3]. Pouvez-vous comprendre la situation ? Y a-t-il des mots que vous comprenez ? Dans cette même situation, que ce serait-il passé au Japon ?

Usager 1:	Pardon, pardon ! La porte, s'il vous plaît !
Usagers 2&3:	………
Usager 1:	La porte, s'il vous plaît !
Usager 2:	Pardon ! Allez-y !
Usager 1:	Merci !

Similitudes & Déjà-vu ?

1. ディアローグには、日本語の中に入っている単語があります。
意味や発音から類推できるものを探しましょう。
日本語の意味とフランス語の意味が同じかどうか調べましょう。
En écoutant de nouveau le dialogue de cette leçon,
quels mots comprenez-vous ?
Ont-ils le même sens dans votre langue ?

2. ヴィデオ [3-4] を見ましょう。どんな単語が使われていますか。
文字を記入して単語のつづりを完成させましょう。
Maintenant, regardez la vidéo [3-4].
Comprenez-vous les mots que le personnage utilise ?

1. S _ _ _ _ N   2. O _ _ _ _ _ _ E
3. S _ _ _ _ _ _ E   4. M _ _ _ _ _ _ _ _ _ E

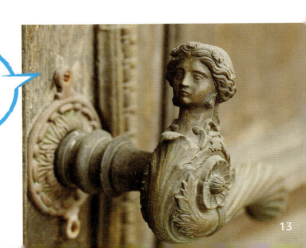

Désolé, mais je ne suis pas encore automatique ! Tournez-moi, s'il vous plaît !

Leçon 4 — Dans un magasin d'électronique

Vendeur : **Bonjour !**

Cliente : **Bonjour ! Excusez-moi mais je peux l'échanger ?**

Vendeur : **Oui, vous avez le ticket ?**

Cliente : **Oui, tout à fait ! Voilà !**

Vendeur : **Merci !**

発音

Je peux l'échanger ?

[ʒ(ə)-pø-le-ʃɑ̃-ʒe]

[ø]
まず口をほとんど開けず、唇を横に引いて「エ」。その「エ」を発音しながら、唇を突き出して作ります。

[e]
口をほとんど開けず、唇を横に引いて「エ」。動詞の不定詞の -er の -r は発音してはいけません。

文の理解

Vous avez le ticket ?
 ①   ②   ③

① 主語
　vous は距離のある間柄の「あなた」。ここは店員とお客さんの間なので vous です。

② 動詞
　avez は avoir「持つ」の vous のときの形です。

③ 直接目的語
　ticket は動詞 avoir の直接目的語です。動詞と目的語の間に前置詞がなく、「直接」つながっている「目的語」という意味です。

Du classique... 基本文法

動詞 avoir の活用

avoir は「持つ」という意味の最重要動詞のひとつです。不規則な活用をするので、ひとつひとつ丁寧に覚えましょう。

もともとの形　→　vous のときの形

avoir → **vous avez**

oir をとって -ez をつける。(-ez はほとんどの動詞の vous の活用で共通の語尾です)。vous の -s をリエゾンして「ヴザヴェ」となる。

je のときの形　　　tu のときの形
　　　　　　　　　（親しいあなた）

j'ai　　　　**tu as**

je は e を省略して j'ai。　　tu as の最後の -s は発音しません。
音は「ジェ」です。

それ以外の人称の活用（→ p.70）

Exercice... 練習問題

主語にあわせて avoir を活用をして文を作りましょう。

1. vous | de la | monnaie | pardon
　_____

2. tu | fièvre | 39 | de | oh là là
　_____

3. je | avec | rendez-vous | mon | médecin
　_____

4. vous | de | visite | une | ou | carte | pièce | d'identité
　_____

5. je | mère | un | avec | problème | ma
　_____

au moins classique　表現活動

次の 1 から 10 の文の pouvoir の用法は a) から f) のどれにあてはまるでしょうか。
Essayez de déterminer à quelle catégorie de sens appartiennent ces différentes expressions.

A. permission　　**B.** capacité　　**C.** autorisation　　**D.** possibilité　　**E.** demande　　**F.** autre
　　許可　　　　　　　　能力　　　　　　許可を与える　　　　可能性　　　　　　依頼　　　　　その他

1. Je peux l'échanger ?　（　）
2. Tu peux ouvrir la fenêtre ?　（　）
3. Je peux venir avec vous ?　（　）
4. Tu peux arrêter, s'il te plaît.　（　）
5. Tu peux faire un marathon, toi ?　（　）
6. En France, on peut partir en vacances cinq semaines.　（　）
7. J'ai cinq semaines de vacances mais je ne peux pas partir.　（　）
8. On peut avoir un café ?　（　）
9. À 60 ans, on ne peut plus trouver de travail.　（　）
10. On peut vivre sans amour ?　（　）

✔ Basique de chez Basique　基礎の基礎

1. 100 以上の数を覚えましょう。cent, deux cents, ... mille

2. ヴィデオ [4-2] を見て紹介されている人物の生年月日を当てはまるところに記入しましょう。
亡くなっている場合は、亡くなった日を調べて記入しましょう。
Regardez la vidéo [4-2] et écrivez la date de naissance de ces 5 personnes présentées. Sont-elles encore vivantes ? Recherchez éventuellement la date de leurs décès respectifs.

Rosa Luxemburg :

Gandhi :

Sugihara Chiune :

Mandela :

Mère Teresa :

Différence culturelle 異文化発見

1. ヴィデオ[4-3]を見ながら、次の１から８が心から謝っている表現か、文化的な言い回しかを、考えましょう。
Vidéo [4-3] : Pour ces 8 clips, pouvez-vous dire s'il s'agit d'excuses authentiques ou de postures culturelles ?

1. Je suis désolé·e.
2. C'est pas de ma faute.
3. Je (ne) l'ai pas fait exprès.
4. Pardon !
5. Je (ne) sais pas comment m'excuser.
6. Je suis confus·e.
7. Excusez-moi mais…
8. Veuillez nous excuser de/pour +…

2. 同じシチュエーションで日本語ならばどのように言うでしょうか。
Comment s'exprimerait-on dans la même situation au Japon ?

Similitudes & Déjà-vu ?

ヴィデオ[4-4]を見て次の質問に答えましょう。
Dans le vidéo [4-4], quelles sont les 2 commandes du client ?

1. 食べ物を２つ頼んでいますが、それは何でしょうか。

   1. DU P _ _ _   2. DES E _ _ _ _ _ _ _ _

2. ウェイターの返事の意味を調べましょう。その返事をどう思いますか？
Que répond le serveur ? Pour vous c'est acceptable ?

Et moi ? Est-ce que je peux vivre à mon rythme ? Sans être mangé ?

Leçon 5 — Dans un jardin public

Étudiante française : **Vos cours sont intéressants ?**

Étudiant japonais : **Ben, ça dépend des cours !**

Étudiant français : **Ça dépend des profs aussi, non ?**

Étudiant japonais : **Oui,** そうね、**peut-être, oui !**

発音

Ça dépend des cours.

[sa - de - pɑ̃ -de - kuːr]

[de]
é は、あごは開けず、唇を横に引いて、せまく「エ」。

[ɑ̃]
-pend の最後の d は発音しません。あごをしっかり落とし、唇を出して、口の中にボール球は入っているイメージで [ɑ̃]。

[uːr]
ou は思い切り唇を突き出します。

文の理解

Vos cours sont intéressants ?
　　①　　　②　　　③

① 主語
　vos は「あなたの」。vous に対応する所有形容詞の複数形。
　名詞が複数のときには原則として -s をつけるが、cours は -s で終わる単語なので、この場合 -s はつけません。

② 動詞
　「～である」。もともとの形は être で、sont はその三人称・複数のときの形。

③ 属詞
　形容詞も名詞にあわせて複数の -s がつく。

Du classique... 基本文法

Leçon 5

動詞 être の活用

être は「〜である」という意味です。英語の be 動詞に相当する最重要動詞のひとつです。不規則な活用をするので、ひとつひとつ丁寧に覚えましょう（je 以外の人称→ p.70）。

もともとの形　→　je のときの形

être　→　je suis

être の後には、「日本人」、「アメリカ人」のように、主語が「どんな人か」を説明する形容詞が続きます。そして主語が女性の場合はその形容詞に -e がつきます。

	男性		女性
je suis	japonais	日本人	japonaise
	américain	アメリカ人	américaine
	français	フランス人	française
	chinois	中国人	chinoise
	allemand	ドイツ人	allemande
	sénégalais	セネガル人	sénégalaise
	chilien	チリ人	chilienne
	néo-zélandais	ニュージーランド人	néo-zélandaise

Exercice... 練習問題

ヴィデオ[5-2]を見て、自分がどんな学習者であるか、言ってみましょう。
程度を表す語も使ってみましょう。

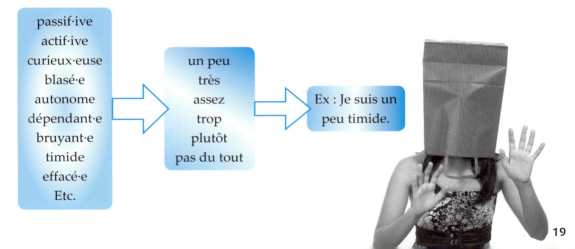

passif·ive
actif·ive
curieux·euse
blasé·e
autonome
dépendant·e
bruyant·e
timide
effacé·e
Etc.

un peu
très
assez
trop
plutôt
pas du tout

Ex : Je suis un peu timide.

au moins classique 表現活動

1. ヴィデオ[5-2]を見て、どのクリップに動詞 être を使った文があるかを見つけて、✓を入れましょう。
Dans quels clips de la vidéo [5-2], le verbe être est-il utilisé [✓] pour se présenter ?

CLIP 1	CLIP 2	CLIP 3	CLIP 4

2. 1 は相手の名前を尋ねるための、2 は自己紹介をするときの表現です。
それぞれどのような場面で使われるかを考えましょう。丁寧さの度合いを比べましょう。
À votre avis, dans quel genre de situations utiliseriez-vous ces expressions soit pour demander le nom de votre interlocuteur 1 , soit pour vous présenter (ou répondre à la demande de votre interlocuteur) 2 ?
Pourriez-vous les classer du « plus soutenu » au « plus familier » ?

Vous êtes monsieur... ?   1
C'est quoi ton nom ?
T'es qui ?
À qui ai-je l'honneur ?
Au fait, c'est quoi, ton nom ?
À propos, quel est votre nom ?
Puis-je savoir qui vous êtes ?

Mon nom, c'est XXX, et toi ?   2
Je m'appelle XXX
On m'appelle XXX
Je suis XXX.
Tenez, voici ma carte.
Permettez-moi de me présenter, XXX.
Je suis le fils du directeur.
Noami, mais j'ai rien à voir avec le Japon.

✓ Basique de chez Basique 基礎の基礎

ヴィデオ[5-3]を見て、所有形容詞を抜き出して、下の表に書き入れましょう。他の空欄も類推して記入しましょう。
Grâce à la vidéo [5-3], pouvez-vous compléter ce tableau des adjectifs possessifs.

mon		
	ta	
son		ses
notre	notre	
votre		vos
leur	leur	leurs

Différence culturelle 異文化発見

1. ヴィデオ[5-4]を見ましょう。いろいろな国の人々のステレオタイプが紹介されています。それについてどう思うか（その通り？　誇張しすぎ？）、自分の考えを述べましょう。Regardez la vidéo [5-4], le personnage interprète des stéréotypes représentant différentes nationalités. Êtes-vous d'accord ? Cela vous semble-t-il exagéré ?

2. 下の形容詞から連想される国はありますか？Exempleにならって文にして言ってみましょう。
À quelle nationalité pourriez-vous éventuellement attribuer les adjectifs ci-dessous ?

Exemple : Les étudiants japonais sont plutôt timides.

discipliné·e	sale	voleur·euse	sévère	sympa
fantaisiste	gros·se	chauve	blond·e	agressif·ive
pauvre	réfléchi·e	sérieux·euse	obéissant·e	entreprenant·e
créatif·ive	autoritaire	nationaliste	progressiste	honnête
fainéant·e	amusant·e	ponctuel·le	riche	conservateur·rice
menteur·euse	libre	bavard·e	bruyant·e	intelligent·e

Similitudes & Déjà-vu ?

フランス語の授業が楽しいとしたら、それは何によりますか？
あなたにとって幸福は何によって決まりますか？

Votre cours de français est intéressant ?
Ça dépend de quoi ou de qui ?
Et votre bonheur ? Ça dépend de quoi ou de qui ?

Un cours intéressant, ça dépend...	Mon bonheur, ça dépend...
de mes profs	de moi
de ma motivation	de mes parents
de la météo	de mon travail
de ma fatigue	de mon salaire
de l'atmosphère	de mes amis
de l'endroit	de mes passions
de mon humeur	de mon smartphone
de mon but	de ma santé
du matériel	du gouvernement

Nationalistes, nous ? Non ! Pas du tout ! Seulement un peu chauvins !

Leçon 6 — Dans la cuisine d'un appartement

Père : **Hum, ça sent super bon !**

Fille : **Normal, c'est la cannelle. Tu aimes ça ?**

Père : **Plus qu'aimer, j'adore !**

Fille : **Tu veux goûter ?**

Père : **Évidemment ! Quelle question !**

Tu aimes ça ?
[ty- ɛm - sa]

[ty]
「イ」の音を出しながら、唇を強く突き出します。舌の先で下前歯の裏を強く押す感じで。

[ɛm]
「エム」と一息で発音します。「エイム」にならないよう注意。

Ça sent super bon.
　①　②　　　　　③

①主語
　ça は「それ」。ここでは料理を指しています。

②動詞
　「においがする」という意味です。もともとの動詞の形は sentir で、sent はその三人称・単数の形です。

③形容詞
　「よい」という意味です。ça sent の後に形容詞が続いて「それは〜なにおいがする」という構文になります。

Du classique... 基本文法

plus que 　「～というより」

２つのものからどちらかを選択するための言い方です。

Plus que bon, (c'est) excellent !

文にすると次のように言えます。

Il est plus maladroit que méchant.

 Exercice... 練習問題

次の単語を使って、文を作り、自分の考えを伝えましょう。

1. Français | individualiste | égoïste

2. smartphone | utile | indispensable

3. Énergie atomique | utile | dangereux·euse

4. Mariage | une preuve d'amour | une formalité

5. Kazuo Ishiguro | anglais | japonais

au moins classique 表現活動

1. 次の「評価」の表現を日本語にしましょう。Essayez de trouver une traduction ou un équivalent pour chacune de ces phrases appréciatives ou dépréciatives.

1. Je déteste ça !
2. J'adore ça !
3. Je n'aime pas trop ça !
4. J'aime pas (du tout) ça !
5. Ça me plaît (bien), ça !
6. C'est quoi, ça ?
7. Ça sert à quoi, ça !
8. Je trouve ça, vachement bien !
9. Je (ne) peux pas supporter ça !
10. Tu sais faire ça ?
11. Moi, je / pense / pense pas / (comme) ça !
12. C'est pas mon style, ça
13. C'est pas (trop) mon truc, ça.
14. Pourquoi tu fais [dis-regardes-etc.] ça ?

☑ Basique de chez Basique 基礎の基礎

ヴィデオ[6-2]を見て聞こえてきた順番に1〜5の数字を記入しましょう。Regardez la vidéo [6-2] et indiquez l'ordre dans lequel vous avez entendu chacune de ces phrases.

1. Ça sent mauvais.	
2. Ça sent le brûlé !	
3. Ça sent pas la rose !	
4. Ça sent le poisson !	
5. Ça sent fort !	

Différence culturelle 異文化発見

1. ディアローグの « Normal »、« Évidemment » はポジティブな表現でしょうか。ネガティブな表現でしょうか。Dans la vidéo, « normal » et « évidemment » sont-ils l'expression d'un sentiment négatif ou positif ?

2. ヴィデオ[6-3]を見ながら、問いに対する 1 から 10 の表現が、ポジティブな表現か、ネガティブな表現か、考えましょう。En regardant la vidéo [6-3] dites si la personne a une réaction plutôt positive ou négative aux questions de son ami.

1.	Bien sûr !	😀 / ☹️	6. Non, mais ça va pas !?!	😀 / ☹️
2.	Évidemment !	😀 / ☹️	7. Hors de question !!!	😀 / ☹️
3.	Naturellement !	😀 / ☹️	8. T(u)'as vu jouer ça où ?	😀 / ☹️
4.	Quelle question !?!	😀 / ☹️	9. C'est quoi, cette question ?	😀 / ☹️
5.	T'as (même) pas besoin de (me le) demander !	😀 / ☹️	10. Absolument pas !	😀 / ☹️

Similitudes & Déjà-vu ?

1. super, hyper, mega, giga ということばは知っていますか。これらの言葉を使いますか。使うとしたら、どういう意味で使いますか。[super , hyper, mega, giga] dans quel contexte utilisez-vous ces mots en japonais ?

2. ヴィデオ[6-4]の状況をよく見て、
聞こえてくるフランス語に対応する日本語を考えましょう。
En regardant la vidéo [6-4], essayez de trouver des équivalents en japonais du français.

1. C'est super bizarre, cette odeur, non ?
2 C'est super pas amusant !
3. C'est hyper facile !
4. C'est hyper marrant cette émission !
5. C'est méga lourd, ce truc !
6. Ce travail est méga urgent !
7. Un coca gratuit avec une giga pepperoni ?
Mais c'est super méga giga bien !

Alors ? Est-ce que je sens le brûlé, le caramel ou, tout simplement, hyper bon ?

Leçon 7
Dans le petit appartement d'un couple…

Elle : **Qu'est-ce qu'on fait demain ?**
C'est congé. T'as envie d'aller quelque part ?
Lui : **Non, j'ai envie de rester à la maison !**
Elle : **Mais c'est chiant ! On reste toujours enfermés ici. T'as jamais envie de rien faire.**

Mais c'est chiant !
[mɛ-sɛ-ʃjɑ̃]

[ʃjɑ̃]
[ʃ] から、一気にアゴを落として [ɑ̃]。

T'as jamais envie de rien faire.
　　① 　　②　　　①　　③

① avoir envie de ＋不定詞
「～したい」という意味の熟語表現です。as は avoir の tu のときの形です。

② 否定文　主語＋ne (n')＋動詞＋pas
否定文は ne ともう一語（ここでは jamais）の二語を使って作ります。文法的には tu n' as ですが、会話のくだけた表現では ne が省略され、さらに tu as がひとことで t'as となっています。

③ rien
「何も…ない」。否定文で使われます。

Du classique... 基本文法

否定文

ne ともう一語で否定文をつくります。

① 「～ではない」　ne ～ pas
   J'aime ça.　→ Je n'aime pas ça.

② 「決して～ではない」　ne ～ jamais
   Il ne dit jamais « Non ».

③ 「もはや～ではない」　ne ～ plus
   Je n'ai plus faim.

④ 「何も～ではない」　ne ～ rien
   Je ne fais rien aujourd'hui.

会話ではよく ne が省略されます。例）J'aime pas ça.

Exercice... 練習問題

質問と答えが一致するように文を結びましょう。

On va regarder cette émission ?	1	Non, je ne bois jamais d'alcool.	①
Tu veux un dessert ?	2	Non merci. Je n'ai plus faim.	②
Je te sers une bière ou un cocktail ?	3	Je ne fais rien.	③
Qu'est-ce que tu fais ce week-end ?	4	Non, je n'aime pas cet animateur.	④

au moins classique　表現活動

ポジティブな評価、ネガティブな評価を伝える表現を学びましょう。
ヴィデオ [7-2] を見て、次の表現を、当てはまる欄に記入しましょう。辞書で調べるとともに、ヴィデオの登場人物のイントネーション、表情に注意しましょう。

Comment évaluer positivement ou négativement quelque chose ?
Regardez la vidéo [7-2] et essayez de classer les expressions suivantes dans le tableau en vous aidant non seulement d'un dictionnaire, mais aussi des intonations et expressions du personnage. Des commentaires ?

1. C'est chiant !
2. C'est sympa.
3. C'est pas mal.
4. C'est remarquable !
5. C'est dingue !
6. C'est extra(ordinaire) !
7. C'est super !
8. C'est limite.
9. C'est nul !
10. C'est (trop) bien !
11. C'est incroyable !
12. C'est génial !
13. C'est de la merde !
14. C'est top !
15. C'est con.
16. Ça vaut rien !
17. Ça déchire !
18. Ça le fait.

	C'est vraiment pas bien / Je déteste 😖😖	C'est pas bien / Je n'aime pas ☹️	C'est bien / J'aime bien 🙂	C'est très bien / J'adore 😊😊
Standard				
Familier / Argotique				
Grossier				

 Basique de chez Basique　基礎の基礎

ヴィデオ [7-3] を参考にして、
質問と答えが一致するように結び付けましょう。
Regardez la vidéo [7-3] et reconstituez les couples questions/réponses.

Tu vas où ?	1	Je cherche quelque chose. ①
Qu'est-ce que tu fais ?	2	Je (ne) sais pas. J'attends quelqu'un. ②
Tu as rendez-vous avec qui ?	3	Je pars quelque part ! ③

Différence culturelle 異文化発見

以下の文は様々な行事を表してます。それぞれの時、あなたは何をしますか。
Que faites-vous dans les occasions suivantes ? Si vous étiez français, serait-ce différent ?

自分のこと
(envie « personnelle »)

c'est mon anniversaire,
c'est férié,
c'est congé,
c'est les vacances,
c'est la Saint-Valentin,
c'est Noël,
c'est le jour de l'an,

Demain, j'ai envie de…
Bonne Fête Nationale !

文化的なこと
(envie « internationale »)

c'est ma fête,
c'est la grève,
c'est la Saint-Patrick,
c'est la fête de la bière,
c'est la fête nationale,
c'est (un jour) chômé,
c'est le 1er avril,

Similitudes & Déjà-vu ?

« Est-ce que… » か « Qu'est-ce que… »
を使った文が聞こえてきます。
適切な欄に聞こえてきた1〜5の文の番号を書きましょう。
Écrivez les phrases entendues dans la bonne colonne
ou, si vous êtes un peu paresseux·euse,
contentez-vous du numéro attribué à chaque phrase.

Est-ce que… ?

Qu'est-ce que… ?

Aujourd'hui, c'est la journée de la jupe. C'est top !

Leçon 8

Dans la salle de bains d'un appartement...

Colocataire stupide : **Euh, dis-moi, je voudrais faire une lessive.**

Colocataire ♀ : **Ouais, pas de problème ! Je vais t'expliquer.**

Colocataire stupide : **C'est pas trop difficile ?**

Colocataire ♂ : **Non, tu vas voir, c'est pas très compliqué.**

Colocataire ♀ : **Mais enfin, ça fait quand-même la quatrième fois qu'on lui explique.**

発音　Tu vas voir

[ty-va-vwaːr]

[ty]	[v]	[vwaːr]
「イ」の音を出しながら、唇を強く突き出します。舌の先で下前歯の裏を強く押す感じです。	上前歯で軽く下唇をかみます。	まず唇を突き出して、それを一気に引いて「ワ」。その後に [r]「る」を軽く添えます。

文の理解　Je vais t'expliquer.
　　　　　　　　　　　① 　　②

① aller ＋不定詞

　「行く」という意味の動詞 aller を助動詞として使い、その後に続く不定詞の動詞の行為が「すぐに行われる」ことを示します。この形を近接未来と言います。

② 間接目的語＋動詞

　t' は te がエリズィオンされたものです。「あなたに」という、動詞 expliquer「説明する」の間接目的語です。文法的には expliquer à toi と前置詞 à が入った形で変換できますが（前置詞が「間」に入るので間接）、フランス語では一般的にこの形は用いられません。

Du classique... 基本文法

近接未来

aller を助動詞として使って動詞の行為が「今から起きること」を表します。

$$\text{助動詞aller} + \text{動詞の不定詞} = \text{近接未来形}$$

Il va arriver dans 5 minutes.

間接目的代名詞

主語	je	tu	il / elle	nous	vous	ils / elles
間接目的語	me	te	lui	nous	vous	leur

代名詞の位置 = 関係する動詞の直前

Je lui écris des mails tous les jours.
Je vais lui parler ce soir.

 Exercice... 練習問題

(　　　) の中に適切な間接目的代名詞を記入しましょう。

1. - Est-ce que tu téléphones souvent à tes parents ?
   - Oui, je (　　　) téléphone tous les soirs.
2. - La poutine canadienne ! c'est quoi ?
   - Ah, ça (　　　) dit quelque chose... C'est pas quelque chose à manger ?
3. - Aïe ! vous me marchez sur les pieds !
   - Pardon ! Je (　　　) ai fait mal ?
4. - Pourrais-tu contacter Marie ?
   - OK, je vais (　　　) écrire un mail.

au moins classique 表現活動

日常生活でしたいこと、したくないこと、するのが好きなこと、嫌いなことをフランス語で言ってみましょう。
En vous basant sur votre vie quotidienne, évaluez votre degré d'envie - ou de non envie - de faire les actions suivantes. Surtout, n'hésitez pas à compléter cette liste !

Je voudrais (bien)
J'aimerais (beaucoup)
Je n'aimerais pas (trop)
J'aime (bien)
Je n'aime pas
(trop, beaucoup)

→

passer l'aspirateur
faire la vaisselle
me marier
partir en vacances
faire mon lit
mettre la table
aller dîner dehors
repeindre les murs
faire la cuisine
sortir avec toi

déménager
aller aux toilettes
dormir
me reposer
changer d'air
faire la fête
changer de travail
faire une ballade
aller au ciné(ma)
faire des économies

Basique de chez Basique 基礎の基礎

ヴィデオ [8-2] を見て、登場人物が暮らしてみたい７つの街に順番を記入しましょう。またできれば、その理由も聞きとってみましょう。

Regardez la vidéo [8-2] et retrouvez l'ordre de préférence des 7 villes dans lesquelles ce Français pourrait vivre. Pouvez-vous également comprendre les raisons de son classement ?

premier ; deuxième ; troisième ; quatrième ; cinquième ; sixième ; .... ; dernier

	Classement	Raisons ?
Montréal		
Ubud		
Melbourne		
Berlin		
Fès		
San José		
Seattle		

Différence culturelle 異文化発見

ポジティブな意味になる否定表現：左側の否定文とほぼ同じ意味になる文を右側から見つけて結びつけましょう．

Les Français et l'esprit négatif : C'est pas très compliqué. ➾ C'est vraiment facile.

		Établissez les correspondances	
Elle est pas bête.	1	Je trouve ça trop cher.	①
Il est pas gros	2	Il est bizarre.	②
C'est pas donné !	3	Ta cuisine est très bonne.	③
C'est pas tout près, chez toi !	4	Elle est incroyablement intelligente.	④
C'est pas mal, ton plat.	5	Il est trop maigre.	⑤
Il est pas cool.	6	Tu habites loin d'ici.	⑥
Elle est pas marrante.	7	Ces étudiants sont désagréables.	⑦
1200 € par mois, c'est pas du luxe !	8	C'est difficile de mémoriser les idéogrammes.	⑧
C'est pas évident, les kanjis	9	Il est très sévère.	⑨
Il est pas net !	10	Elle a mauvais caractère.	⑩
C'est pas un cadeau, cette classe !	11	Mon salaire, c'est le strict minimum !	⑪

Similitudes & Déjà-vu ?

ヴィデオ[8-3]を見ながら、
次の表現を日本語に訳してみましょう。
En vous aidant de la vidéo [8-3], trouvez un équivalent en japonais aux expressions ci-dessous :

Pas de problème !	1 ....
Pas de panique !	2 ....
Pas de souci(s) !	3 ....
Pas de chance !	4 ....
Pas de quoi !	5 ....

Y a trop de jouets ! C'est pas évident de passer l'aspirateur !

Leçon 9

Dans une des boutiques d'un célèbre fabriquant d'ordinateurs...

Cliente : **Bonjour.**

Vendeur : **Bonjour.**

Cliente : **Je vous le rapporte.**

Vendeur : **Quelque chose ne va pas ?**

Cliente : **Non, pas vraiment mais c'est pas assez puissant. Vous pourriez le reprendre ?**

Vendeur : **Ah non, impossible, c'était un article soldé !**

Cliente : **Ah, mince !**

発音

Quelque chose ne va pas ?
[kɛl-kə-ʃoːz-nə-va-pɑ]

[kɛl]
qu は二文字で [k]。
e は [ɛ]「エ」

[ʃo]
o は口をつぼめて、突き出して、せまい [o]にして音をのばします。

文の理解

Vous pourriez le reprendre ?
　　　　①　　　　　　③　　　②

① 主語＋動詞
　vous は「（距離のある）あなたは」。店員に話しているので vous を使います。
　pourriez は「〜できる」。もともとの形は pouvoir で、ここでは条件法現在という形です。条件法を使うと相手に丁寧にお願いするニュアンスがでます（→ p.63）。

② 不定詞
　pouvoir の後には不定詞が続きます。reprendre は「引き取る」。買ったものを返品することをお願いしています。

③ 直接目的代名詞
　le は男性名詞、単数のものを指す「それを」。このディアローグでは手元の買ったものを指しています。具体的に何かはわかりませんが、男性名詞のものであることはわかります。

Du classique... 基本文法

直接目的代名詞

主語	je	tu	il / elle	nous	vous	ils / elles
間接目的語	me (m')	te (t')	lui	nous	vous	leur
直接目的語	me (m')	te (t')	le	la	nous	vous	les

Vous pourriez reprendre ce pull ? → Vous pourriez le reprendre ?
Vous pourriez reprendre cette robe ? → Vous pourriez la reprendre ?
Vous pourriez reprendre ces chaussures ? → Vous pourriez les reprendre ?

半過去のつくり方

過去に起きたある出来事（出来事は複合過去形で表します（→ p.39））の背景（理由）や感想を表すための時制です。

Hier, j'ai vu le dernier film de Kore-eda. C'était très touchant.

 Exercice... 練習問題

1. — N'oublie pas ton rendez-vous ! Tu peux finir tes devoirs avant ?
   — Oui, je (　　　) finis ce matin !
2. — Regarde là-bas ! Tu connais ce professeur ?
   — Oui, je (　　　) connais bien.
3. — Tu (ne) prends jamais ta jolie bicyclette pour aller au travail ?
   — Si, je (　　　) prends, mais seulement quand il fait beau.
4. — En général, tu achètes tes légumes où ?
   — Je (　　　) achète au marché.

au moins classique　表現活動

1. C'était / Ce n'était pas ＋形容詞を使って過去の出来事について感想を言いましょう。次の感想を表す形容詞を使う場面を考えましょう。
Évaluation globale d'un moment passé : C'était / Ce n'était pas + adjectif
Ci-dessous, une liste de mots vous permettant d'évaluer diverses situations passées.
こうした感想は、どんなことをしたときに使えるでしょうか。（仕事、映画、パーティ、食事、旅行、試験、授業…）
À votre avis, de quelle(s) situation(s) s'agit-il ?

pas terrible	étonnant	débile	pas cool	rasoir	acceptable
agréable	craignos	intéressant	amusant	pénible	facile
mortel	fabuleux	douteux	guindé	relou	fatigant
frustrant	ringard	sans plus	lamentable	délicieux	tendu
énorme	violent	grotesque	effrayant		

2. ヴィデオを見て [9-2]、セリフを聞き取って、下記の空欄に入る単語を記入しましょう。

Regardez ces 3 clips [9-2] et essayez de compléter les dialogues.

A : George Sand est _____ en quelle _____ ?
B : Elle est morte ? Quel dommage !
　　C'était une femme _____ _____ !

A : Patrice a quitté le Japon !
B : Tant mieux ! C'était un _____ incroyablement _____ et plutôt _____ !
　　En plus, c'était un _____ !

A : Mais tu n'as plus ta belle _____ Chanul _____ ?
B : Tu parles ! C'était _____ ! Le modèle original est en soie, mais là,
　　c'était en _____ ! Crois-moi, c'était _____ tout à fait _____ !

✅ Basique de chez Basique　基礎の基礎

1. ヴィデオ [9-3] を見ながら、AのリストとBのリストを組み合わせて、文を完成させましょう。
Regardez la vidéo [9-3]. Avec 2 éléments pris respectivement dans chacune des listes A et B, imaginez ce que dit ce gastronome.

C'est	A + B

A	trop	assez	un peu	pas assez	beaucoup trop
B	salé	froid	acide	épicé	sucré

ヴィデオ [9-4] を見て、答えあわせをしましょう。
Comparez vos réponses avec la vidéo [9-4] !

Différence culturelle 異文化発見

1. ヴィデオ [9-4] を見て、店員の態度について話し合いましょう。日本でも同じ光景を見かけるでしょうか。

Suite à la vidéo [9-4], pensez-vous que la réaction du vendeur soit possible au Japon ?

2. 次のリストは、店員の返答のリストです。意味を調べて、それらの返答を聞いたら自分はどう思うか話し合いましょう。

Voici une liste d'autres réponses possibles de la part d'un vendeur qui refuserait l'échange. En vous aidant d'un dictionnaire, essayez d'en saisir le sens. Laquelle vous paraît la plus acceptable ? La moins acceptable ? Pour quelles raisons ?

1. Ça me paraît difficile.
2. Je voudrais bien mais…
3. Vous n'y pensez pas !
4. Ça va être compliqué.
5. Je suis désolé·e mais tant pis pour vous !
6. Vous auriez dû réfléchir avant.
7. On vous avait prévenu·e !

Similitudes & Déjà-vu ?

次の 10 個の表示の中に、ひとつだけ「仲間はずれ」があります。それを探しましょう。

Ces 10 inscriptions vous disent quelque chose ?
Oui ? Mais attention, une seule ne va pas car, en français, elle a un autre sens ! Laquelle ?

« J'espère que ce sol n'est pas trop sale pour mes soldes ! »

Leçon 10　À la terrasse d'un café...

Client :　**J'ai pas laissé un sac sous cette chaise ?**

Garçon :　**Ah non, désolé, j'ai rien vu !**

Client :　**Oh ! j'y crois pas ! Il y avait toutes mes courses dedans !**

　　　　　Vous êtes sûr que vous l'avez pas tr...

Garçon :　**On peut aller voir avec ma collègue. Allez-y, venez !**

発音

J'y crois pas !
[ʒi-krwa-pɑ]

[ʒi]
・je n'y の n' が会話で省略されて j'y。[ʒi] と一音。

[krwa]
・最初から唇をまるめて突き出して、一気にひきながら [krwa]。
・最後の -s は発音しません。

文の理解

J'ai (je n'ai) rien vu.
　①　　　　　②　③

① 助動詞
　ai のもともとの形は avoir。しかしここでは動詞（「持つ」）ではなく、複合過去形という「したこと」を表す過去時制をつくるための助動詞です。

② rien
　ne と一緒に使われて「何も〜ない」という意味になります。会話で ne が省略されています。

③ 過去分詞
　vu は動詞 voir「見る」の過去分詞という形です。助動詞と過去分詞の両方をあわせて（＝複合させて）、複合過去形という過去形を作ります。

Du classique... 基本文法

複合過去形の作り方

「複合過去形」という「したこと」を表すフランス語の過去時制を学びましょう。

avoir か être の現在形（＝助動詞）＋過去分詞

不定詞	現在形	複合過去形	複合過去形・否定形
voir	je vois	j'ai vu	je n'ai pas vu

voir の過去分詞は vu

助動詞 avoir を ne と pas ではさむ。ne はエリズィオンをする。

不定詞	現在形	複合過去形	複合過去形・否定形
aller	je vais	je suis allé / je suis allée	je ne suis pas allé / je ne suis pas allée

・-er で不定詞が終わる動詞の過去分詞は -er をとって -é をつける。
・être を助動詞にとる場合、主語と過去分詞は性・数一致をする。

-ir で不定詞が終わる動詞は -i : finir → fini   dormir → dormi
-dre で不定詞が終わる動詞は -u : entendre → entendu
個別に覚える動詞：avoir → eu, être → été, faire → fait, dire → dit など。

 Exercice... 練習問題

聞こえてくる文はどれでしょうか。正しいものを○で囲みましょう。

1	Ils ont joué au tennis.	Ils vont jouer au tennis.	Ils jouent au tennis.
2	Vous avez fait vos devoirs ?	Vous allez faire vos devoirs ?	Vous savez faire vos devoirs ?
3	Elle est allée à Rio.	Elle est arrivée à Rio.	Elle est à Lyon.
4	En été, elle achète des baskets.	Elle a acheté des baskets, l'été dernier.	Elle va acheter des baskets, cet été.

au moins classique　表現活動

左のリストにあるそれぞれの状況に遭遇したとき、最もするべきことは何でしょうか。
右のリストにある解決策から選ぶか、それ以外の解決策を話し合って、考えましょう。
Par groupes, déterminez la ou les réactions les plus appropriées dans les situations suivantes.

1. On vous a volé votre carte de crédit.
2. Vous avez eu un accident de voiture.
3. On vous a agressé·e dans le métro.
4. On vous a harcelé·e au téléphone.
5. Vous avez été témoin d'un accident.
6. On vous a suivi·e dans la rue.
7. Vous avez perdu vos papiers.
8. Vous avez été victime d'un cambriolage.
9. On vous a pris·e en photo sans autorisation.
10. Vous avez trouvé de l'argent.

→

1. Vous allez dans un commissariat.
2. Vous ne faites rien.
3. Vous téléphonez à vos amis.
4. Vous allez à l'ambassade de votre pays.
5. Vous attaquez le coupable.
6. Vous ne dites rien.
7. Vous ne sortez plus de chez vous.
Etc…

☑ Basique de chez Basique　基礎の基礎

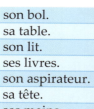

1. ヴィデオ [10-2] をみて、正しい文を作りましょう。
À l'aide de la vidéo [10-2], reconstituez les 8 phrases et profitez-en pour mémoriser quelques prépositions de lieu.

1. Il mange	sur	son bol.
2. Il marche	dans	sa table.
3. Il boit	à côté de	son lit.
4. Il pleure	sous	ses livres.
5. Il lit	derrière	son aspirateur.
6. Il dort	devant	sa tête.
7. Il rit	au-dessus de	ses mains.
8. Il regarde	entre	son assiette.

2. ヴィデオ [10-3] をみて、次の 4 つの質問に答えましょう。
À l'aide de la vidéo [10-3], répondez à ces 4 questions.

C'est vous qui avez cassé ça ?	
Vous avez parlé, non ?	
Vous avez encore grossi ?	
C'est vous qui m'avez volé ?	

Différence culturelle 異文化発見

このレッスンのヴィデオをもう一度見ましょう。さらにヴィデオ[10-4]を見ましょう。それぞれの内容にどのような感想を持ちましたか。次のリストの表現を使って、グループでお互いの感想をフランス語で言いましょう。

Suite à la vidéo principale de cette leçon et à cette vidéo supplémentaire [10-4], quels commentaires avez-vous envie de faire ? Par groupes, expliquez vos réactions.

感想を言うために
quelques expressions simples pour exprimer votre avis

C'est pas (vraiment) choquant.
C'est grave.
C'est inacceptable.
C'est inadmissible.
Je déteste cette mentalité.
Je ne veux plus voyager en France.

Je ne veux pas vivre dans un pays comme ça.
C'est rien.
Je peux comprendre.
C'est un problème culturel.
Ça ne m'étonne pas.
Je trouve ces vidéos trop caricaturales.

Similitudes & Déjà-vu ?

音声を聞いて最初に聞こえた方に１、次に聞こえた方に２を入れましょう。
Discrimination auditive : écoutez, répétez, indiquez l'ordre [1 ou 2] dans lequel vous avez entendu chaque élément.

faire des courses ☐   faire la course ☐
suivre un cours ☐   essuyer un court ☐
C'est court. ☐   C'est cool. ☐

« Je cours sur un court de tennis avec un pantalon un peu court. »

Désolé·e ! ☐   Des œufs au lait ☐
J'ai rien vu. ☐   J'ai rien bu. ☐
Vous êtes sûr ? ☐   Vous êtes sourd ? ☐

Faire des courses tout en faisant la course ! Cool !

Leçon 11
Retour de fête dans une cage d'escalier...

Lui : **J'ai la tête qui tourne. Je (ne) me sens vraiment pas bien ! J'ai super mal au ventre. Je crois que je vais gerber.**

Elle : **Mais c'est toujours la même chose avec toi. Dès qu'on est invités quelque part, tu peux pas t'empêcher de boire.**

Lui : **Arrête de crier, s'il te plaît ! Ça me donne mal à la tête ! Un bisou… Un bisou !**

 発音

J'ai mal au ventre.
[ʒe-ma-lo-vɑ̃ːtr]

[lo]
mal は最後の -l を発音。次の [o] とアンシェヌマンして「ロ」と発音します。

[tr]
-tre は「トゥレ」とならないように、最後は軽く [ə] の口のかまえ (＝唇を出す) を作ります。

 文の理解

J'ai la tête qui tourne.
　　　①　　②

① 主語＋動詞＋直接目的語
　j'ai は je ＋ ai。「私は頭を持っている」が直訳ですが、「私の頭は」と言いたい話題を持ち出すときの言い方です。

② 関係代名詞
　qui の前の単語が、qui に続く動詞の主語になっています。関係代名詞はこのように 2 つの文を結びつける役割をします。動詞 tourner は tête が 3 人称・単数なので、それに合わせて tourne と活用します。

Du classique... 基本文法

関係代名詞 « qui » と « que »

Le changement climatique est un problème actuel qui concerne le monde entier.

L'utilisation excessive du plastique est un problème actuel que l'on doit résoudre.

関係代名詞の前の単語が、関係代名詞に続く文の

主語 → qui　　直接目的語 → que

Exercice... 練習問題

左の文と右の文を結びつけて、関係代名詞の入った文を完成させましょう。

Pour mon anniversaire, j'ai eu un petit chien	1	que je connais depuis longtemps.	①
À Tokyo, j'ai un ami lyonnais	2	qu'on peut emporter avec soi.	②
En général, je préfère les ordinateurs	3	que ma mère m'a donné, il y a 30 ans.	③
Dans ma bibliothèque, j'ai un dictionnaire	4	qui s'appelle « Youki ».	④

au moins classique　表現活動

右のリストにあるのは、現在の社会の問題です。これらの問題についてどう思うか、左のリストにある表現を使って、自分の意見をフランス語で言いましょう。

Apprendre une langue, c'est bien. Donner son avis, c'est encore mieux ! Par groupes, réfléchissez aux problèmes auxquels nous devons tous ensemble faire face. Exprimez votre avis en accord avec vos idées : **certitude, impression, probabilité, possibilité, impossibilité.**

Au final, vous êtes plutôt positif, négatif, entre les deux, indécis ?

Outils pour donner son avis	Exemples de thèmes de réflexion
Je crois que… / Je pense que…	On peut régler le problème du changement climatique ?
Je trouve que…	
Je suis sûr·e que… / Je suis certain·e que	On peut se passer de l'énergie nucléaire ?
Je suis convaincu·e que…	Les jeux vidéo améliore l'intelligence ?
J'ai l'impression que… / Il me semble que…	Le nationalisme mène à la guerre ?
Il est possible que… / Il est impossible que…	On (ne) peut (pas) dépasser nos différences ?
Je ne sais pas si… / Je ne sais pas comment…	

✅ Basique de chez Basique　基礎の基礎

ヴィデオ[11-2]を見て、登場人物がどの順番で症状を伝えているか、番号を記入しましょう。

À l'aide de la vidéo [11-2], retrouvez l'ordre dans lequel ce futur patient a vu ses douleurs apparaître.

J'ai mal à la tête.		J'ai mal aux dents.	
J'ai mal aux yeux.		J'ai mal à la gorge.	
J'ai mal au dos.		J'ai mal au(x) pied(s).	
J'ai mal au ventre.		J'ai mal au cou.	

Et si vous oubliez tous ces noms , dites simplement :
« Ça me fait mal, là ! »

Différence culturelle 異文化発見

左のリストの症状があるとき、あなたは、どのような解決策を選びますか。
右のリストを参考にしてフランス語で言いましょう。
Un problème de santé, soit physique, soit psychologique ? Chacun·e a sa réponse, non ?
Alors, que faites-vous généralement dans chacune de ces situations très « banales » ?
Êtes-vous différent des autres ? Suivez-vous une tendance générale ?

Qu'est-ce que vous faites quand…

vous avez mal à la gorge ?
vous avez de la fièvre ?
vous avez la diarrhée ?
vous avez un chagrin d'amour ?
vous dormez mal ?
vous avez trop bu ?
vous avez mal à la tête ?
vous êtes stressé·e ?
vous avez un « coup de déprime »?

Remèdes possibles :

Prendre une aspirine
Dormir
Aller courir
Prendre un somnifère
Téléphoner à ses ami·e·s
Pleurer sans s'arrêter
Engueuler ses parents ou ses proches
Rester à la maison
Avoir envie de mourir
Passer son temps à manger
Dire du mal de tout le monde
Détester la Terre entière
Écouter de la musique
Vider le frigo
                                     Etc.

Similitudes & Déjà-vu ?

音声を聞いて最初に聞こえた方に1、次に聞こえた方に2を入れましょう。
Discrimination auditive. Dans quel ordre [1 ou 2] avez-vous entendu chaque couple de mots ? Concentrez-vous !

1. voir	boire	
2. arrêter	allaiter	
3. bijou	bisou	
4. poisson	poison	
5. bisou	bijou	
6. allaiter	arrêter	
7. vêtement	bêtement	

Pourquoi il est bête, le monsieur ?

Leçon 12 — Sur le périphérique parisien…

Passager : **Il n'y a pas d'autre route ?**

Conducteur : **Non et avec la grève des transports, tout est bloqué !**

Passager : **C'est la cata.**

Conducteur : **Pourquoi ?**

Passager : **Je vais rater mon avion !**

Conducteur : **Ça, j'en ai bien peur ! Enfin, c'est pas grave.**

Passager : **Quoi ! c'est pas grave…**

Conducteur : **Ben si ! Tu prendras le prochain.**

発音

J'en ai bien peur

[ʒɑ̃-ne-bjɛ̃-pœːr]

[ʒɑ̃-ne]
j'en と ai の間はリエゾンして「ジャンネ」となります。

[œː]
peur の eu は、アゴをしっかり落とし、唇をなるべく突き出して発音します。

文の理解

Tu prendras le prochain.
　　　　①　　　　②

① 主語＋動詞
prendre「（乗り物に乗る）」の tu の時の単純未来形です。単なる未来ではなく、「乗ったらどう？」と「やんわりとしたアドバイス」のニュアンスがあります。

② 目的語
le prochain avion ですが、飛行機の話をしていることは文脈からはっきりわかるので、avion が省略されています。

Du classique... 基本文法

単純未来の作り方

原則：不定詞＋ avoir の現在形

donner → je donner＋ai → je donnerai
prendre → je prendr＋ai → je prendrai

（動詞の最後が -e で終わる場合は、それをとる）

不規則なもの

acheter → j'achèterai   **aller** → j'irai
avoir   → j'aurai   **être** → je serai
revenir → je reviendrai   **faire** → je ferai

Exercice... 練習問題

線でつないで、文を作りましょう。

L'année prochaine, je	reviendrez	pour mes recherches.
Demain, vous	visiterai le Maroc	contre le racisme.
Dans une semaine, elle	irai à la manif	à Paris.
Samedi, j'	donnera un concert	après 15 heures.

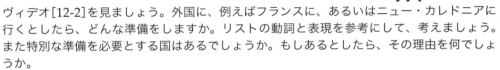

au moins classique　表現活動

ヴィデオ[12-2]を見ましょう。外国に、例えばフランスに、あるいはニュー・カレドニアに行くとしたら、どんな準備をしますか。リストの動詞と表現を参考にして、考えましょう。また特別な準備を必要とする国はあるでしょうか。もしあるとしたら、その理由を何でしょうか。

Ce n'est pas toujours facile de voyager. Le voyageur de cette vidéo [12-2] en a fait la triste expérience. Par groupes, imaginez que vous allez partir en France, en Nouvelle-Calédonie, etc. pour six semaines. Qu'allez-vous **emporter, prendre, acheter, prévoir, obtenir** voire **étudier** avant votre départ ? Bref, imaginez les préparatifs de votre voyage.

Est-ce que certains pays pourraient exiger de votre part des préparatifs ou des précautions supplémentaires ? Si oui, lesquels et pourquoi ?

emporter
prendre
acheter
prévoir
obtenir
étudier
Etc.

- des médicaments (crème, aspirine, somnifères, etc.)
- un guide de voyage
- un guide de conversation
- une tablette ou un smartphone (téléphone intelligent ?)
- des aliments de votre pays d'origine [onigiri, nouilles instantanées, etc.]
- un passeport valide
- une valise ou un sac à dos
- un robot, style Pepper ou Nao
- quelques formules de politesse dans la langue locale
- une bombe lacrymogène
- une carte de crédit
- une grosse quantité d'argent
- des petits cadeaux typiques de votre pays

Etc.

BON VOYAGE !

✅ Basique de chez Basique　基礎の基礎

ヴィデオ[12-3]を見て、登場人物が 1-5 のセリフを
どんな状況で言っているか、説明しましょう。

À l'aide de la vidéo [12-3], retrouvez les 5 situations pour lesquelles,
le personnage a émis ces 5 jugements respectifs

1.	1. Je m'en fiche ! [Je m'en fous !]
2.	2. C'est pas (très) grave !
3.	3. Ça m'embête (un peu) !
4.	4. Ça m'énerve !
5.	5. C'est la cata !

あなたの反応は？
Et vous, quelle serait votre réaction ?

Différence culturelle 異文化発見

1. フランスでは左のリストにあげたようなさまざまなストライキがあります。みなさんはそのようなストライキをどう考えますか。右のリストの表現を使って、意見をフランス語で言ってみましょう。

En France, on n'hésite pas à manifester ou à se mettre en grève pour revendiquer des choses qui nous tiennent à cœur. Et vous, qu'en pensez-vous ?

- Grève des transports
- Grève des étudiants
- Grève du ramassage des ordures
- Grève des enseignants
- Grève du personnel soignant
- Grève des transporteurs aériens

Etc.

VOS COMMENTAIRES
- C'est acceptable. / C'est inacceptable !
- Je peux comprendre. / C'est compréhensible.
- Ça (ne) sert à rien ! / C'est efficace.
- C'est irresponsable !
- Je ne comprends pas !
- Ça me fait peur !
- Ça gêne d'autres personnes.

Etc.

2. みなさんは社会的な問題（不正、人種差別）に対してどのような対処をしますか？

Comment réagiriez-vous face à un problème social (injustice, racisme, etc.) ?

Similitudes & Déjà-vu ?

音声を参考にして、下線に入る略語を書き入れましょう。次に略語のもともとの単語を見つけましょう。

Écoutez puis tentez par groupes de compléter chaque phrase. À quels mots correspondent les abréviations utilisées ?

1. C'est _____ ! Mon frigo est vide !	
2. Cette fille, elle est super _____ !	
3. À Paris, je prends _____ . C'est pratique.	
4. J'ai _____ ! On m'a volé mon vélo.	
5. C'est vraiment _____ ce gâteau !	
6. Sauter ? Je suis pas _____ de faire ça !	

Y a un blème !
On a oublié nos chaussures !

Leçon 13 — Devant un distributeur automatique de billets (DAB) ...

Client : **Oh non ! Ma carte avalée, quoi !**

Cliente : **Qu'est-ce qui vous arrive ?**

Client : **Rien, rien ! Je me suis trompé trois fois de code !**

Cliente : **Ah, c'est fermé en plus, aujourd'hui !**

Client : **Oui, ben j'ai vu ! J'ai vu ! Merci ! Ça va !**

 発音

Qu'est-ce qui vous arrive ?
[kɛs-ki-vu-za-riːv]

[kɛs–ki]
qu'est-ce qui は [kɛs–ki] と音のかたまりは２つです。

[za]
vous と arrive の間はリエゾンするので、ザ [za] と発音します。

 文の理解

Je me suis trompé trois fois de code.
　　　　　①　　　　　　　　②

① 代名動詞
　me suis trompé は「間違えた」。もともとの形は se tromper です。
　je の現在形は je me trompe、代名動詞を複合過去形にするときは助動詞に être を使って je me suis trompé となります。me は助動詞の前に置きます。
　je が女性のときは je me suis trompée と過去分詞に e がつきます。発音は変わりません。

② 何を間違えたかは de ＋名詞で導きます。code は暗証番号です。

Du classique... 基本文法

Leçon 13

代名動詞

動詞の行為が他人や他のモノではなく、自分自身（主語自身）に向かうとき、フランス語では代名動詞を使います。

動詞 sentir（何かを）感じる　　　代名動詞 se sentir 自分を（〜と）感じる

je	me	sens	bien　　良く
tu	te	sens	mieux
			mal
il / elle	se	sent	fatigué(e)

代名動詞の複合過去形

主語 ＋ se(s') ＋ être ＋ 過去分詞

使う助動詞は être です。
se は助動詞 être の前に置きます。
Ce matin, Sacha s'est réveillé à 8 heures. Emma s'est réveillée à 9 heures.

Exercice... 練習問題

次の文には、それぞれどちらの動詞を入れたらよいでしょうか。必要があれば、動詞を正しく活用して記入しましょう。

1. coucher / se coucher
   C'est toujours moi qui (　　　　　) le bébé.
   C'est toujours moi qui (　　　　　) en premier.

2. laver / se laver
   Les Français ne (　　　　　) pas souvent leur voiture.
   Les Français ne (　　　　　) qu'une ou deux fois par semaine. Vrai ou faux ?

3. regarder / se regarder
   Il a l'habitude de (　　　　　) la télévision du matin au soir.
   Il a l'habitude de (　　　　　) tout le temps devant le miroir.
   Il a l'habitude de (　　　　　) bêtement sa femme faire la cuisine.

51

au moins classique　表現活動

次の文化的、習慣的な違いに対して、みなさんはどう思いますか？
Mentalité, culture et éducation différentes ? Êtes-vous à l'aise avec tout ça ? Évaluez-vous !

1 Je peux m'habituer.　　**2** C'est impossible à imaginer !　　**3** C'est inacceptable !
4 Je comprends mais… !　　**5** Ça ne me pose aucun problème.

	1. Dîner tard
	2. Se faire accoster dans la rue
	3. Ne prendre que des douches
	4. Ne boire que de l'eau du robinet
	5. La fermeture de la majorité des magasins le dimanche
	6. La coupure du Wifi dans sa famille d'accueil à partir de 20H
	7. Les odeurs corporelles dans le métro
	8. L'absence de climatisation dans certains endroits
	9. L'interdiction des sacs en plastique dans les supermarchés
	10. Ne pas pouvoir faire de lessive ou de shampoing quotidiennement

☑ Basique de chez Basique　基礎の基礎

ヴィデオ[13-2]をみて、左と右の語を結びつけましょう。次にそれら6つの出来事を順番に並べ替えましょう。

Regardez la vidéo [13-2] . Reconstituez les couples puis la chronologie des 6 événements.

Ma vie	1	surgelés !	①
Mon ordinateur	2	fini !	②
Mon argent	3	foutue !	③
Mon calvados	4	cassé !	④
Ma femme	5	envolé !	⑤
Mes escargots	6	partie !	⑥

Différence culturelle 異文化発見

Merci「ありがとう」や Ça va「大丈夫」は、それぞれ実は「それはごめんだ」や「ほっといてくれ」といった皮肉の意味で使われることがあります。

Les Français spécialistes de l'ironie ? **« Merci ! »** → Gardez vos conseils [ou vos informations] pour vous ! **« Ça va ! »** → Laissez-moi tranquille, etc.

1. ヴィデオ[13-3]をみて、その中にでてくる Ne vous gênez surtout pas「どうぞご遠慮なく」が実はどういう意味で使われているのか、考えてみましょう。
Vidéo [13-3] : Quel est le véritable sens de **« Ne vous gênez surtout pas ! »** ?
2. 次の表現が皮肉として使われたとき、どんな意味になるのか考えてみましょう。
Tentez de décrypter la véritable intention du locuteur qui utilise les phrases suivantes.

> 1. Faites comme chez vous !
> 2. Je peux vous aider ?
> 3. J'ai tout mon temps !
> 4. Si je vous gêne, n'hésitez pas à le dire !
> 5. Mais c'est marrant ça ! C'est très, très drôle !
> 6. Vous le faites exprès ou vous êtes né comme ça ?
> 7. Bonus : Bonjour les odeurs !

Similitudes & Déjà-vu ?

1. ヴィデオ[13-4]をみながら、次の表現の意味を考えましょう。
Vidéo [13-4] : Pouvez-vous deviner la signification de chacune de ces phrases ?

> **TAPEZ VOTRE NOM D'UTILISATEUR.**
> **ENTREZ.**
> **SAISISSEZ VOTRE MOT DE PASSE.**
> **ENTREZ DE NOUVEAU.**
> **UNE MISE À JOUR EST DISPONIBLE. VOULEZ-VOUS L'INSTALLER ?**
> **TÉLÉCHARGEZ UN FOND D'ÉCRAN.**
> **OUVREZ LA FENÊTRE.**
> **PROTÉGEZ VOTRE ORDINATEUR DES VIRUS.**
> **DOUBLE-CLIQUEZ SUR LE FICHIER POUR LANCER LE PROGRAMME.**

Vite ! Je dois télécharger ma carte dans la poubelle avant que la fenêtre se ferme !

Leçon 14

Devant la télé, un jeune couple...

Femme : **Tu vois, ce que j'adore chez lui, c'est son charisme, sa vision, sa façon de s'habiller…**

Homme : **Tu parles ! C'est du vent ! Il n'a aucun projet économique.**

Femme : **Mais, tais-toi, tu m'énerves ! Je n'entends pas ce qu'il dit.**

発音

Tu m'énerves !

[ty-me-nɛrv]

- [me] é はせまい「エ」[e]。
- [nɛr] e は次に r, v と2つ子音字が続くのでひろい「エ」[ɛ]。
- [v] -er 動詞の tu の語尾 -es は発音しない。最後は「ヴ」で終わります。

文の理解

Je n'entends pas ce qu'il dit !
　　　　　①　　　　　　②

① 動詞
　entends は「聞こえる」。もともとの形は entendre です。ne(n')〜pas で否定形になっています。

② ce que ＋主語＋動詞
　il「彼は」。dit は「言う」。もともとの形は dire です。ce qu'il dit は、もともとは qu'est-ce qu'il dit ?「彼は何を言っている？」という疑問文です。しかし「彼が何を言っているか聞こえない」のように別の文に接続するとき、qu'est-ce que は ce que に形が変わります。que は、次に母音字で始まる il が続くので、エリズィオン（que の e を省略し、アポストロフでつなぐ）をしています。ce que はつなぎの役割をします。

Du classique... 基本文法

間接疑問文

qu'est-ce que → ce que

「何を」を表す qu'est-ce que は、他の文に接続すると ce que になります。

Qu'est-ce qu'il dit ?

文に接続すると…

Vous comprenez ce qu'il dit ?

ce que は qu'est-ce que と同じくその後に来る動詞の目的語「何を」の役割をします。さらに文と文を結びつける役割もしていることがわかります。

qu'est-ce qui → ce qui

「何が」を表す qu'est-ce qui は、他の文に接続すると ce qui になります。

Qu'est-ce qui ne va pas ?

文に接続すると…

Dis-moi ce qui ne va pas.

Exercice... 練習問題

正しい順番に並び替えて文を作りましょう。ただし必要のないものも入っています。

ce que	savoir	je	ce qui	se passe	voudrais		
vous	dire ?	ce que	comprenez	veux	je	ce qui	
dis	tout	tu	-moi	ce que	sais	ce qui	
je veux	je	ce qui	m'intéresse	mais	ce que	ne sais pas	bien étudier

au moins classique　表現活動

« Ce que j'adore [1] / chez lui [2] /, c'est [3]... son charisme. »「私が彼の中で好きなのは、カリスマ性があるところだ」。この文の形を参考に、[1] と [2] のリストから表現を選んで、[3] で自分の意見を述べましょう。

En vous inspirant de la phrase : « **Ce que j'adore [1] / chez lui [2] /, c'est [3]... son charisme.** », pourriez-vous, par groupes, combiner les éléments du tableau [1] et [2] pour expliquer un point précis [3] que vous appréciez ou n'appréciez pas.

Ce que j'adore par-dessus tout,
Ce qui m'intéresse le plus,
Ce qui me passionne le plus,
Ce qui est cool,
Ce qui est génial,
Ce qui me fatigue le plus,
Ce que je déteste le plus,
Ce que j'aime le moins,
Ce qui m'énerve,
Ce qui me met en colère,
Ce qui est insupportable pour moi,
Ce qui n'est pas acceptable pour moi,
Ce qui n'est pas cool,

[1]

dans ma vie quotidienne,
dans les voyages,
dans mon travail,
dans ma relation de couple,
chez mes parents,
chez les hommes politiques,
à l'université,
chez les enfants
chez mes ami·e·s
Etc.

[2]

c'est...

[3]

Basique de chez Basique　基礎の基礎

ヴィデオ [14-2] を見ましょう。どのような相手の言葉に対して、下記のことばを使ったのでしょうか。その相手の言葉を聞き取りましょう。

À l'aide de la vidéo [14-2], retrouvez les 5 déclarations qui ont provoqué ces commentaires.

1.	1. Tu parles !
2.	2. Mais arrête !
3.	3. (Tu dis) N'importe quoi !
4.	4. Tu plaisantes ou quoi ?
5.	5. Tais-toi ! (Ta gueule !)

あなたも同じ反応をしますか。
Vous auriez réagi de la même façon ?

Différence culturelle 異文化発見

1. あなたがこれからの人生で優先したいことは何ですか。
À quel genre de projet de vie accordez-vous la priorité ?
Un projet sentimental ? Social ? Humanitaire ? Économique ? Professionnel ? Familial ?...
2. その優先したいことを実現するために、政治は関係していると考えますか。
Pensez-vous que la réalisation de votre projet de vie puisse être liée à un projet politique ?
3. 人生での選択において、あなたは両親、日本の教育システム、社会のあり方から影響を受けていると思いますか。
Pensez-vous être influencé·e dans votre choix par vos parents, le système éducatif de votre pays ou son organisation sociale, ou autre ?

Similitudes & Déjà-vu ?

1. ディアローグの «　C'est du vent !　» の意味はわかりましたか。同じような熟語が日本語にありますか。
下記のリストの表現の意味はわかりますか。ヴィデオ[14-3]を参考にそれぞれの意味を考えましょう。
Avez-vous bien compris le sens de «　C'est du vent !　» ?
Existe-t-il un équivalent en japonais ?
Voici une liste d'expressions, pouvez-vous en deviner le sens ?
Regardez la vidéo [14-3]. Ça vous paraît plus clair ?

Ça n'a ni queue, ni tête	être à l'ouest
un effet boule neige	avoir le cafard
un jus de chaussettes	casser les pieds
un temps de chien	briser le cœur
les doigts dans le nez	passer de la pommade
une histoire à dormir debout	parler à un mur

Côté cœur, j'ai un méga projet sentimental !

Leçon 15
Dans la cuisine d'un petit appartement de banlieue...

Ami 1 : **Tu la connais bien toi, Élise ?**

Ami 2 : **Ouais, ça fait une dizaine d'années !**

Ami 1 : **Je me demandais si elle avait quelqu'un !**

Ami 2 : **Ben, demande-le-lui ! Qu'est-ce que tu veux que je te dise ?**

発音

Demande-le-lui
[də-mɑ̃d-lø-lɥi]

[lø]
肯定命令形の動詞の後ろの le は［ lə ］ではなく、［ lø ］と発音。

[lɥi]
突き出した唇を一気に引きます。

文の理解

Qu'est-ce que tu veux que je te dise ?
　　　　①　　　　　　②　　　③

① qu'est-ce que
　qu'est-ce que は「何を」。dise → dire「言う」の目的語で、「何を言う？」。

② tu veux que...
　veux は vouloir の tu のときの現在形の活用。「que 以下のことを望む」。

③ que je te dise
　tu veux que の que の中の動詞は接続法という形に置かれます。dise は dire「言う」の je のときの接続法現在の活用。全体で、「あなたは私があなたに何を言うことを望んでいるの？」→「いったい私に何を言って欲しいの？」。

Du classique... 基本文法

接続法の作り方

ある決まった動詞、形容詞、接続句（複数の単語で接続詞と同じ役割をもつ）に続く que の中で、動詞は接続法という形に置かれます。

接続法現在の活用：３人称複数の直接法現在から -ent を取って、語尾をつける。

 parler ➡ ils parlent ➡ que je parle, que tu parles, qu'il parle, qu'elle parle...
 finir ➡ ils finissent ➡ que je finisse, que tu finisses, qu'il finisse, qu'elle finisse...
 venir ➡ ils viennent ➡ que je vienne, que tu viennes, qu'il vienne, qu'elle vienne...

例外の動詞

 avoir : que j'aie ｜ être : que je sois ｜ faire : que je fasse ｜ aller : que j'aille など

用法

vouloir que, ne pas croire que, être content·e que, il faut que, avant que, pour que など。

 · Je ne crois pas qu'il vienne à l'heure.
 · Je suis contente qu'il fasse beaucoup d'efforts.
 · Il faut que tu saches la vérité.

Exercice... 練習問題

左の文と右の文をつないで、最も適切な文を作りましょう。

1.	Avec sa paresse, ça m'étonnerait	qu'ils puissent venir.	①
2.	Malgré la chaleur, il faut quand même	qu'il travaille dehors.	②
3.	Il est déjà 23 heures, je ne crois pas	qu'il ait son bac.	③
4.	Après son opération, on serait très heureux	qu'elle se remette sur pieds.	④

EPREUVE DE FRANÇAIS
Toute sa vie, Montaigne a voulu écrire mais il n'a fait que des essais.
バカLAUREAT 2057

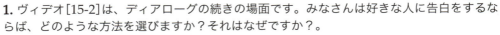

au moins classique　表現活動

1. ヴィデオ [15-2] は、ディアローグの続きの場面です。みなさんは好きな人に告白をするならば、どのような方法を選びますか？それはなぜですか？。
La vidéo [15-2] fait suite au dialogue de cette leçon et nous amène à nous poser la question suivante : comment déclarer sa flamme à l'élu·e de notre cœur ? Que préférez-vous **[Je préfère... / J'aimerais mieux...]** ? Pourquoi **[parce que...]** ?

1. Passer par un intermédiaire ?
2. Utiliser LINE ?
3. Lui envoyer un mail ?
4. Lui téléphoner ?
5. Vous faire passer pour quelqu'un d'autre ?
6. Lui déclarer votre flamme directement ?
7. Vérifier si votre éventuel·le partenaire est déjà pris·e ?
8. Essayer de lui faire comprendre sans rien dire ?
9. Vous montrer plus attentionné·e que d'habitude ?
10. Attendre l'occasion idéale pour vous jeter à l'eau ?　　Etc.

2. お互いの方法は似ていましたか？フランスと日本で違いはありますか？
Vos réponses se ressemblent-elles ? L'expression amoureuse est-elle universelle ?

☑ Basique de chez Basique　基礎の基礎

ヴィデオ [15-3] の 4 つのシチュエーションを見て、その中に出てくる登場人物を比較しましょう。
Vidéo [15-3] : Comparez les personnages entre eux dans chacune des 5 situations.

1.	faire jeune	faire plus / moins jeune que...
2.	faire vieux	faire plus / moins vieux que...
3.	faire intelligent	faire plus / moins intelligent... que...
4.	faire sérieux	faire plus / moins sérieux que...
5.	faire classe	faire plus / moins classe que...

Différence culturelle 異文化発見

1. 付きあう相手を考える上で、あなたにとってリストの項目は問題となりますか？
Qu'est-ce qui pourrait vous choquer dans un couple ?

- une différence d'âge ?
- une différence sociale ?
- une consanguinité ?
- un aspect immoral ?
- une différence culturelle ?
- une différence religieuse ?
- une impossibilité de communiquer ?
- une inégalité entre les 2 partenaires ?
- autre ?

2. あなたにとって、カップルがうまくいくために必要なことは何ですか？
人と一緒に暮らすとしたら、その一番大切な目的はあなたにとって何ですか？
Selon vous, de quoi a-t-on besoin pour réussir une vie de couple ? Quels seraient pour vous les objectifs prioritaires d'une vie commune ?

Similitudes & Déjà-vu ?

1. ヴィデオ[15-4]を見て、恋愛に関係する次の表現の意味を想像してみましょう。
Grâce à la vidéo [15-4], essayez de deviner la signification de ces expressions plus ou moins sentimentales.

- avoir un coup de foudre
- avoir un chagrin d'amour
- être jaloux comme un pou
- être (raide) dingue de quelqu'un
- avoir un cœur de pierre
- avoir un cœur d'artichaut

L'amour ?
C'est une longue marche complice !

L'amour ?
C'est un simple investissement !

Leçon 16 — À la réception d'un hôtel...

Client : **S'il vous plaît ! Nous voudrions changer de chambre !**

Réceptionniste : **Oui, il y a un problème dans la chambre ?**

Cliente : **Oui. Notre réservation était pour une chambre double et pas des lits jumeaux.**

Réceptionniste : **Ah ? Alors, attendez, je regarde. Chambre 6. Monsieur Matter, Madame Matter, hein ?**

Couple : **Oui.**

Réceptionniste : **Ah oui, exactement, effectivement.**

発音

pas des lits jumeaux
[pɑ-de-li-ʒy-mo]

[pɑ-de-li]
pas, des, lits (lit につく -s は複数形のマーク) のそれぞれ -s は発音しません。

[o]
-eau は一音で [o]。
-x は発音しません。

☆ -eau で終わる名詞の複数形には -s ではなく -x をつけます。

文の理解

Nous voudrions changer de chambre.
①   ②

① 主語＋動詞
　nous は「私たちは」。voudrions は「〜したい」。もともとの形は vouloir で、ここでは条件法現在という形です。条件法を使うと相手に自分の要望を丁寧に伝えることができます。

② 不定詞
　vouloir の後には不定詞が続きます。changer de で「（別の種類のものに）変える」という意味です。chambre はここでは「（ホテルの）部屋」という意味です。一般の家で言えば「寝室」のことです。

Du classique... 基本文法

条件法現在のつくり方（vouloir の条件法現在）

現在形： **je veux　　nous voulons**

vouloir の変化は不規則です。je は最後が -x で終わりますが、この -x は発音しません。nous は vouloir の -oir をとって、全ての動詞に共通する nous の現在形の語尾、-ons をつけます。

条件法現在形： **je voudrais　　nous voudrions**

vouloir の条件法現在をつくるとき、語幹（どの人称にも共通する部分）になるのは voud- です。これに条件法現在の語尾をつけます。je は -rais、nous は -rions です。

☆ vouloir の使い方：vouloir の後には、名詞か不定詞が続きます。
　1. vouloir ＋名詞：Je voudrais une chambre avec douche.
　2. vouloir ＋不定詞：Nous voudrions réserver une chambre.

Exercice... 練習問題

左の文と右の文を適切に結びつけて、会話を完成させましょう。

1. Que puis-je pour vous ?	1. Écoutez, ça a l'air très bon mais on voudrait découvrir quelque chose de plus... local.
2. Allez, allez ! Pas d'histoire ! Finissez votre soupe !	2. Ah bon ? Eh ben moi, je veux pas ! Y a rien qui marche !
3. Pour le menu du jour, vous avez le choix entre couscous royal et poulet-frites.	3. Nous voudrions savoir s'il vous reste des chambres avec vue sur l'océan.
4. Ah, je voudrais bien vivre en France !	4. Non, non ! On aime pas ça ! On veut autre chose !

au moins classique　表現活動

教科書を終わるにあたって、最後の質問です。もしみなさんがフランス人だったら、何をしてみたいですか、あるいは何ができると思いますか。
他にも「もし○○だったら」と仮定して、話し合ってみましょう。
Et pour terminer ce livre, posez-vous une dernière question :
Si vous étiez français·e qu'est-ce que vous voudriez, pourriez ou aimeriez faire ?

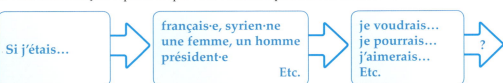

アルファベ・綴り字記号・読み方の規則

1. alphabet アルファベ

A a [ɑ]　　B b [be]　　C c [se]　　D d [de]　　E e [ə]　　F f [ɛf]　　G g [ʒe]
H h [aʃ]　　I i [i]　　J j [ʒi]　　K k [kɑ]　　L l [ɛl]　　M m [ɛm]　　N n [ɛn]
O o [o]　　P p [pe]　　Q q [ky]　　R r [ɛr]　　S s [ɛs]　　T t [te]　　U u [y]
V v [ve]　　W w [du-blə-ve]　　X x [iks]　　Y y [i-grɛk]　　Z z [zɛd]

2. 綴り字記号

　accent aigu　アクサン・テギュ　é　　　　accent grave　アクサン・グラーヴ　à, è, ù
　cédille　セディーユ　ç　　　　　　　　　tréma　トレマ　ë, ï
　accent circonflexe　アクサン・シルコンフレックス　â, ê, î, ô, û

☆ アクサンのついている e はすべて「エ」と読みます。
　セディーユは ca, co, cu の c について、[s] の音になります。

3. リエゾン・アンシェヌマン・エリズィオン

2つの語をつなげて発音することがあります。

☆リエゾン
　本来発音しない語尾の子音字＋ a, e, i, o, u, 母音扱いの h
　nous avons ／ un hôtel
　リエゾンする場所は決まっています。

☆アンシェヌマン
　発音される語尾の子音字＋ a, e, i, o, u, 母音扱いの h
　il est ／ une omelette

☆エリズィオン
　le, la, je, me, te, ce, ne などの決まった単語＋ a, e, i, o, u, 母音扱いの h
　ce est → c'est　　je habite → j'habite

+α 数字・月・曜日まとめ

数学

1 un / une	2 deux	3 trois	4 quatre	5 cinq
6 six	7 sept	8 huit	9 neuf	10 dix
11 onze	12 douze	13 treize	14 quatorze	15 quinze
16 seize	17 dix-sept	18 dix-huit	19 dix-neuf	20 vingt
21 vingt-et-un …	30 trente	40 quarante	50 cinquante	60 soixante
70 soixante-dix …	71 soixante-et-onze	80 quatre-vingts	81 quatre-vingt-un	90 quatre-vingt-dix
91 quatre-vingt-onze	100 cent	101 cent un…	200 deux cents…	1 000 mille

On est le combien ?

Le mercredi 16 octobre.

※１日（ついたち）のみ premier という

曜日

月	火	水	木	金	土	日
lundi	mardi	mercredi	jeudi	vendredi	samedi	dimanche

月

1月 janvier	2月 février	3月 mars	4月 avril
5月 mai	6月 juin	7月 juillet	8月 août
9月 septembre	10月 octobre	11月 novembre	12月 décembre

動詞変化表

I. aimer
II. arriver
III. être aimé(e)(s)
IV. se lever

1. avoir
2. être
3. parler
4. placer
5. manger
6. acheter
7. appeler
8. préférer
9. employer
10. envoyer
11. aller
12. finir
13. sortir
14. courir
15. fuir
16. mourir
17. venir
18. offrir
19. descendre
20. mettre
21. battre
22. suivre
23. vivre
24. écrire
25. connaître
26. naître
27. conduire
28. suffire
29. lire
30. plaire
31. dire
32. faire
33. rire
34. croire
35. craindre
36. prendre
37. boire
38. voir
39. asseoir
40. recevoir
41. devoir
42. pouvoir
43. vouloir
44. savoir
45. valoir
46. falloir
47. pleuvoir

不定形・分詞形	直　　　説　　　法		
I. aimer aimant aimé ayant aimé （助動詞　avoir）	現　　在 j'　　aime tu　　aimes il　　aime nous　aimons vous　aimez ils　　aiment	半　過　去 j'　　aimais tu　　aimais il　　aimait nous　aimions vous　aimiez ils　　aimaient	単　純　過　去 j'　　aimai tu　　aimas il　　aima nous　aimâmes vous　aimâtes ils　　aimèrent
命　令　法 aime aimons aimez	複　合　過　去 j'　　ai　　aimé tu　　as　　aimé il　　a　　aimé nous　avons　aimé vous　avez　aimé ils　　ont　　aimé	大　過　去 j'　　avais　aimé tu　　avais　aimé il　　avait　aimé nous　avions　aimé vous　aviez　aimé ils　　avaient　aimé	前　過　去 j'　　eus　　aimé tu　　eus　　aimé il　　eut　　aimé nous　eûmes　aimé vous　eûtes　aimé ils　　eurent　aimé
II. arriver arrivant arrivé étant arrivé(e)(s) （助動詞　être）	複　合　過　去 je　　suis　arrivé(e) tu　　es　　arrivé(e) il　　est　arrivé elle　est　arrivée nous　sommes　arrivé(e)s vous　êtes　arrivé(e)(s) ils　　sont　arrivés elles　sont　arrivées	大　過　去 j'　　étais　arrivé(e) tu　　étais　arrivé(e) il　　était　arrivé elle　était　arrivée nous　étions　arrivé(e)s vous　étiez　arrivé(e)(s) ils　　étaient　arrivés elles　étaient　arrivées	前　過　去 je　　fus　　arrivé(e) tu　　fus　　arrivé(e) il　　fut　　arrivé elle　fut　　arrivée nous　fûmes　arrivé(e)s vous　fûtes　arrivé(e)(s) ils　　furent　arrivés elles　furent　arrivées
III. être aimé(e)(s) 受動態 étant aimé(e)s ayant été aimé(e)(s)	現　　在 je　　suis　aimé(e) tu　　es　　aimé(e) il　　est　aimé elle　est　aimée n.　　sommes　aimé(e)s v.　　êtes　aimé(e)(s) ils　　sont　aimés elles　sont　aimées	半　過　去 j'　　étais　aimé(e) tu　　étais　aimé(e) il　　était　aimé elle　était　aimée n.　　étions　aimé(e)s v.　　étiez　aimé(e)(s) ils　　étaient　aimés elles　étaient　aimées	単　純　過　去 je　　fus　　aimé(e) tu　　fus　　aimé(e) il　　fut　　aimé elle　fut　　aimée n.　　fûmes　aimé(e)s v.　　fûtes　aimé(e)(s) ils　　furent　aimés elles　furent　aimées
命　令　法 sois aimé(e) soyons aimé(e)s soyez aimé(e)(s)	複　合　過　去 j'　　ai　　été　aimé(e) tu　　as　　été　aimé(e) il　　a　　été　aimé elle　a　　été　aimée n.　　avons　été　aimé(e)s v.　　avez　été　aimé(e)(s) ils　　ont　　été　aimés elles　ont　　été　aimées	大　過　去 j'　　avais　été　aimé(e) tu　　avais　été　aimé(e) il　　avait　été　aimé elle　avait　été　aimée n.　　avions　été　aimé(e)s v.　　aviez　été　aimé(e)(s) ils　　avaient　été　aimés elles　avaient　été　aimées	前　過　去 j'　　eus　　été　aimé(e) tu　　eus　　été　aimé(e) il　　eut　　été　aimé elle　eut　　été　aimée n.　　eûmes　été　aimé(e)s v.　　eûtes　été　aimé(e)(s) ils　　eurent　été　aimés elles　eurent　été　aimées
IV. se lever 代名動詞 se levant s'étant levé(e)(s)	現　　在 je　　me　lève tu　　te　lèves il　　se　lève n.　　n.　levons v.　　v.　levez ils　　se　lèvent	半　過　去 je　　me　levais tu　　te　levais il　　se　levait n.　　n.　levions v.　　v.　leviez ils　　se　levaient	単　純　過　去 je　　me　levai tu　　te　levas il　　se　leva n.　　n.　levâmes v.　　v.　levâtes ils　　se　levèrent
命　令　法 lève-toi levons-nous levez-vous	複　合　過　去 je　　me　suis　levé(e) tu　　t'　es　　levé(e) il　　s'　est　　levé elle　s'　est　　levée n.　　n.　sommes　levé(e)s v.　　v.　êtes　levé(e)(s) ils　　se　sont　levés elles　se　sont　levées	大　過　去 j'　　m'　étais　levé(e) tu　　t'　étais　levé(e) il　　s'　était　levé elle　s'　était　levée n.　　n.　étions　levé(e)s v.　　v.　étiez　levé(e)(s) ils　　s'　étaient　levés elles　s'　étaient　levées	前　過　去 je　　me　fus　　levé(e) tu　　te　fus　　levé(e) il　　se　fut　　levé elle　se　fut　　levée n.　　n.　fûmes　levé(e)s v.　　v.　fûtes　levé(e)(s) ils　　se　furent　levés elles　se　furent　levées

動詞変化表

直　説　法	条　件　法	接　続　法	
単　純　未　来	**現　在**	**現　在**	**半　過　去**
j'　aimerai	j'　aimerais	j'　aime	j'　aimasse
tu　aimeras	tu　aimerais	tu　aimes	tu　aimasses
il　aimera	il　aimerait	il　aime	il　aimât
nous　aimerons	nous　aimerions	nous　aimions	nous　aimassions
vous　aimerez	vous　aimeriez	vous　aimiez	vous　aimassiez
ils　aimeront	ils　aimeraient	ils　aiment	ils　aimassent
前　未　来	**過　去**	**過　去**	**大　過　去**
j'　aurai　aimé	j'　aurais　aimé	j'　aie　aimé	j'　eusse　aimé
tu　auras　aimé	tu　aurais　aimé	tu　aies　aimé	tu　eusses　aimé
il　aura　aimé	il　aurait　aimé	il　ait　aimé	il　eût　aimé
nous　aurons　aimé	nous　aurions　aimé	nous　ayons　aimé	nous　eussions　aimé
vous　aurez　aimé	vous　auriez　aimé	vous　ayez　aimé	vous　eussiez　aimé
ils　auront　aimé	ils　auraient　aimé	ils　aient　aimé	ils　eussent　aimé
前　未　来	**過　去**	**過　去**	**大　過　去**
je　serai　arrivé(e)	je　serais　arrivé(e)	je　sois　arrivé(e)	je　fusse　arrivé(e)
tu　seras　arrivé(e)	tu　serais　arrivé(e)	tu　sois　arrivé(e)	tu　fusses　arrivé(e)
il　sera　arrivé	il　serait　arrivé	il　soit　arrivé	il　fût　arrivé
elle　sera　arrivée	elle　serait　arrivée	elle　soit　arrivée	elle　fût　arrivée
nous　serons　arrivé(e)s	nous　serions　arrivé(e)s	nous　soyons　arrivé(e)s	nous　fussions　arrivé(e)s
vous　serez　arrivé(e)(s)	vous　seriez　arrivé(e)(s)	vous　soyez　arrivé(e)(s)	vous　fussiez　arrivé(e)(s)
ils　seront　arrivés	ils　seraient　arrivés	ils　soient　arrivés	ils　fussent　arrivés
elles　seront　arrivées	elles　seraient　arrivées	elles　soient　arrivées	elles　fussent　arrivées
単　純　未　来	**現　在**	**現　在**	**半　過　去**
je　serai　aimé(e)	je　serais　aimé(e)	je　sois　aimé(e)	je　fusse　aimé(e)
tu　seras　aimé(e)	tu　serais　aimé(e)	tu　sois　aimé(e)	tu　fusses　aimé(e)
il　sera　aimé	il　serait　aimé	il　soit　aimé	il　fût　aimé
elle　sera　aimée	elle　serait　aimée	elle　soit　aimée	elle　fût　aimée
n.　serons　aimé(e)s	n.　serions　aimé(e)s	n.　soyons　aimé(e)s	n.　fussions　aimé(e)s
v.　serez　aimé(e)(s)	v.　seriez　aimé(e)(s)	v.　soyez　aimé(e)(s)	v.　fussiez　aimé(e)(s)
ils　seront　aimés	ils　seraient　aimés	ils　soient　aimés	ils　fussent　aimés
elles　seront　aimées	elles　seraient　aimées	elles　soient　aimées	elles　fussent　aimées
前　未　来	**過　去**	**過　去**	**大　過　去**
j'　aurai　été　aimé(e)	j'　aurais　été　aimé(e)	j'　aie　été　aimé(e)	j'　eusse　été　aimé(e)
tu　auras　été　aimé(e)	tu　aurais　été　aimé(e)	tu　aies　été　aimé(e)	tu　eusses　été　aimé(e)
il　aura　été　aimé	il　aurait　été　aimé	il　ait　été　aimé	il　eût　été　aimé
elle　aura　été　aimée	elle　aurait　été　aimée	elle　ait　été　aimée	elle　eût　été　aimée
n.　aurons　été　aimé(e)s	n.　aurions　été　aimé(e)s	n.　ayons　été　aimé(e)s	n.　eussions　été　aimé(e)s
v.　aurez　été　aimé(e)(s)	v.　auriez　été　aimé(e)(s)	v.　ayez　été　aimé(e)(s)	v.　eussiez　été　aimé(e)(s)
ils　auront　été　aimés	ils　auraient　été　aimés	ils　aient　été　aimés	ils　eussent　été　aimés
elles　auront　été　aimées	elles　auraient　été　aimées	elles　aient　été　aimées	elles　eussent　été　aimées
単　純　未　来	**現　在**	**現　在**	**半　過　去**
je　me　lèverai	je　me　lèverais	je　me　lève	je　me　levasse
tu　te　lèveras	tu　te　lèverais	tu　te　lèves	tu　te　levasses
il　se　lèvera	il　se　lèverait	il　se　lève	il　se　levât
n.　n.　lèverons	n.　n.　lèverions	n.　n.　levions	n.　n.　levassions
v.　v.　lèverez	v.　v.　lèveriez	v.　v.　leviez	v.　v.　levassiez
ils　se　lèveront	ils　se　lèveraient	ils　se　lèvent	ils　se　levassent
前　未　来	**過　去**	**過　去**	**大　過　去**
je　me　serai　levé(e)	je　me　serais　levé(e)	je　me　sois　levé(e)	je　me　fusse　levé(e)
tu　te　seras　levé(e)	tu　te　serais　levé(e)	tu　te　sois　levé(e)	tu　te　fusses　levé(e)
il　se　sera　levé	il　se　serait　levé	il　se　soit　levé	il　se　fût　levé
elle　se　sera　levée	elle　se　serait　levée	elle　se　soit　levée	elle　se　fût　levée
n.　n.　serons　levé(e)s	n.　n.　serions　levé(e)s	n.　n.　soyons　levé(e)s	n.　n.　fussions　levé(e)s
v.　v.　serez　levé(e)(s)	v.　v.　seriez　levé(e)(s)	v.　v.　soyez　levé(e)(s)	v.　v.　fussiez　levé(e)(s)
ils　se　seront　levés	ils　se　seraient　levés	ils　se　soient　levés	ils　se　fussent　levés
elles　se　seront　levées	elles　se　seraient　levées	elles　se　soient　levées	elles　se　fussent　levées

不定形 分詞形	直説法			
	現在	半過去	単純過去	単純未来
1. avoir もつ ayant eu [y]	j' ai tu as il a n. avons v. avez ils ont	j' avais tu avais il avait n. avions v. aviez ils avaient	j' eus [y] tu eus il eut n. eûmes v. eûtes ils eurent	j' aurai tu auras il aura n. aurons v. aurez ils auront
2. être 在る étant été	je suis tu es il est n. sommes v. êtes ils sont	j' étais tu étais il était n. étions v. étiez ils étaient	je fus tu fus il fut n. fûmes v. fûtes ils furent	je serai tu seras il sera n. serons v. serez ils seront
3. parler 話す parlant parlé	je parle tu parles il parle n. parlons v. parlez ils parlent	je parlais tu parlais il parlait n. parlions v. parliez ils parlaient	je parlai tu parlas il parla n. parlâmes v. parlâtes ils parlèrent	je parlerai tu parleras il parlera n. parlerons v. parlerez ils parleront
4. placer 置く plaçant placé	je place tu places il place n. plaçons v. placez ils placent	je plaçais tu plaçais il plaçait n. placions v. placiez ils plaçaient	je plaçai tu plaças il plaça n. plaçâmes v. plaçâtes ils placèrent	je placerai tu placeras il placera n. placerons v. placerez ils placeront
5. manger 食べる mangeant mangé	je mange tu manges il mange n. mangeons v. mangez ils mangent	je mangeais tu mangeais il mangeait n. mangions v. mangiez ils mangeaient	je mangeai tu mangeas il mangea n. mangeâmes v. mangeâtes ils mangèrent	je mangerai tu mangeras il mangera n. mangerons v. mangerez ils mangeront
6. acheter 買う achetant acheté	j' achète tu achètes il achète n. achetons v. achetez ils achètent	j' achetais tu achetais il achetait n. achetions v. achetiez ils achetaient	j' achetai tu achetas il acheta n. achetâmes v. achetâtes ils achetèrent	j' achèterai tu achèteras il achètera n. achèterons v. achèterez ils achèteront
7. appeler 呼ぶ appelant appelé	j' appelle tu appelles il appelle n. appelons v. appelez ils appellent	j' appelais tu appelais il appelait n. appelions v. appeliez ils appelaient	j' appelai tu appelas il appela n. appelâmes v. appelâtes ils appelèrent	j' appellerai tu appelleras il appellera n. appellerons v. appellerez ils appelleront
8. préférer より好む préférant préféré	je préfère tu préfères il préfère n. préférons v. préférez ils préfèrent	je préférais tu préférais il préférait n. préférions v. préfériez ils préféraient	je préférai tu préféras il préféra n. préférâmes v. préférâtes ils préférèrent	je préférerai tu préféreras il préférera n. préférerons v. préférerez ils préféreront

動詞変化表

条件法 現在	接続法 現在	半過去	命令法 現在	同型活用の動詞（注意）
j' aurais tu aurais il aurait n. aurions v. auriez ils auraient	j' aie tu aies il ait n. ayons v. ayez ils aient	j' eusse tu eusses il eût n. eussions v. eussiez ils eussent	aie ayons ayez	
je serais tu serais il serait n. serions v. seriez ils seraient	je sois tu sois il soit n. soyons v. soyez ils soient	je fusse tu fusses il fût n. fussions v. fussiez ils fussent	sois soyons soyez	
je parlerais tu parlerais il parlerait n. parlerions v. parleriez ils parleraient	je parle tu parles il parle n. parlions v. parliez ils parlent	je parlasse tu parlasses il parlât n. parlassions v. parlassiez ils parlassent	parle parlons parlez	第1群規則動詞 （4型〜10型をのぞく）
je placerais tu placerais il placerait n. placerions v. placeriez ils placeraient	je place tu places il place n. placions v. placiez ils placent	je plaçasse tu plaçasses il plaçât n. plaçassions v. plaçassiez ils plaçassent	place plaçons placez	—cer の動詞 annoncer, avancer, commencer, effacer, renoncer など. (a, o の前で c → ç)
je mangerais tu mangerais il mangerait n. mangerions v. mangeriez ils mangeraient	je mange tu manges il mange n. mangions v. mangiez ils mangent	je mangeasse tu mangeasses il mangeât n. mangeassions v. mangeassiez ils mangeassent	mange mangeons mangez	—ger の動詞 arranger, changer, charger, engager, nager, obliger など. (a, o の前で g → ge)
j' achèterais tu achèterais il achèterait n. achèterions v. achèteriez ils achèteraient	j' achète tu achètes il achète n. achetions v. achetiez ils achètent	j' achetasse tu achetasses il achetât n. achetassions v. achetassiez ils achetassent	achète achetons achetez	—e＋子音＋er の動詞 achever, lever, mener など. (7型をのぞく. e muet を含む音節の前で e → è)
j' appellerais tu appellerais il appellerait n. appellerions v. appelleriez ils appelleraient	j' appelle tu appelles il appelle n. appelions v. appeliez ils appellent	j' appelasse tu appelasses il appelât n. appelassions v. appelassiez ils appelassent	appelle appelons appelez	—eter, —eler の動詞 jeter, rappeler など. (6型のものもある. e muet の前で t, l を重ねる)
je préférerais tu préférerais il préférerait n. préférerions v. préféreriez ils préféreraient	je préfère tu préfères il préfère n. préférions v. préfériez ils préfèrent	je préférasse tu préférasses il préférât n. préférassions v. préférassiez ils préférassent	préfère préférons préférez	—é＋子音＋er の動詞 céder, espérer, opérer, répéter など. (e muet を含む語末音節の前で é → è)

不定形 分詞形	直説法			
	現在	半過去	単純過去	単純未来
9. employer 使う employant employé	j' emploie tu emploies il emploie n. employons v. employez ils emploient	j' employais tu employais il employait n. employions v. employiez ils employaient	j' employai tu employas il employa n. employâmes v. employâtes ils employèrent	j' emploierai tu emploieras il emploiera n. emploierons v. emploierez ils emploieront
10. envoyer 送る envoyant envoyé	j' envoie tu envoies il envoie n. envoyons v. envoyez ils envoient	j' envoyais tu envoyais il envoyait n. envoyions v. envoyiez ils envoyaient	j' envoyai tu envoyas il envoya n. envoyâmes v. envoyâtes ils envoyèrent	j' enverrai tu enverras il enverra n. enverrons v. enverrez ils enverront
11. aller 行く allant allé	je vais tu vas il va n. allons v. allez ils vont	j' allais tu allais il allait n. allions v. alliez ils allaient	j' allai tu allas il alla n. allâmes v. allâtes ils allèrent	j' irai tu iras il ira n. irons v. irez ils iront
12. finir 終える finissant fini	je finis tu finis il finit n. finissons v. finissez ils finissent	je finissais tu finissais il finissait n. finissions v. finissiez ils finissaient	je finis tu finis il finit n. finîmes v. finîtes ils finirent	je finirai tu finiras il finira n. finirons v. finirez ils finiront
13. sortir 出かける sortant sorti	je sors tu sors il sort n. sortons v. sortez ils sortent	je sortais tu sortais il sortait n. sortions v. sortiez ils sortaient	je sortis tu sortis il sortit n. sortîmes v. sortîtes ils sortirent	je sortirai tu sortiras il sortira n. sortirons v. sortirez ils sortiront
14. courir 走る courant couru	je cours tu cours il court n. courons v. courez ils courent	je courais tu courais il courait n. courions v. couriez ils couraient	je courus tu courus il courut n. courûmes v. courûtes ils coururent	je courrai tu courras il courra n. courrons v. courrez ils courront
15. fuir 逃げる fuyant fui	je fuis tu fuis il fuit n. fuyons v. fuyez ils fuient	je fuyais tu fuyais il fuyait n. fuyions v. fuyiez ils fuyaient	je fuis tu fuis il fuit n. fuîmes v. fuîtes ils fuirent	je fuirai tu fuiras il fuira n. fuirons v. fuirez ils fuiront
16. mourir 死ぬ mourant mort	je meurs tu meurs il meurt n. mourons v. mourez ils meurent	je mourais tu mourais il mourait n. mourions v. mouriez ils mouraient	je mourus tu mourus il mourut n. mourûmes v. mourûtes ils moururent	je mourrai tu mourras il mourra n. mourrons v. mourrez ils mourront

動詞変化表

条件法 現在	接続法 現在	接続法 半過去	命令法 現在	同型活用の動詞（注意）
j' emploierais tu emploierais il emploierait n. emploierions v. emploieriez ils emploieraient	j' emploie tu emploies il emploie n. employions v. employiez ils emploient	j' employasse tu employasses il employât n. employassions v. employassiez ils employassent	emploie employons employez	—oyer, —uyer, —ayer の動詞 (e muet の前で y → i. —ayer は 3 型でもよい. また envoyer → 10 型)
j' enverrais tu enverrais il enverrait n. enverrions v. enverriez ils enverraient	j' envoie tu envoies il envoie n. envoyions v. envoyiez ils envoient	j' envoyasse tu envoyasses il envoyât n. envoyassions v. envoyassiez ils envoyassent	envoie envoyons envoyez	renvoyer （未来，条・現のみ9型と異なる）
j' irais tu irais il irait n. irions v. iriez ils iraient	j' aille tu ailles il aille n. allions v. alliez ils aillent	j' allasse tu allasses il allât n. allassions v. allassiez ils allassent	va allons allez	
je finirais tu finirais il finirait n. finirions v. finiriez ils finiraient	je finisse tu finisses il finisse n. finissions v. finissiez ils finissent	je finisse tu finisses il finît n. finissions v. finissiez ils finissent	finis finissons finissez	第 2 群規則動詞
je sortirais tu sortirais il sortirait n. sortirions v. sortiriez ils sortiraient	je sorte tu sortes il sorte n. sortions v. sortiez ils sortent	je sortisse tu sortisses il sortît n. sortissions v. sortissiez ils sortissent	sors sortons sortez	partir, dormir, endormir, se repentir, sentir, servir
je courrais tu courrais il courrait n. courrions v. courriez ils courraient	je coure tu coures il coure n. courions v. couriez ils courent	je courusse tu courusses il courût n. courussions v. courussiez ils courussent	cours courons courez	accourir, parcourir, secourir
je fuirais tu fuirais il fuirait n. fuirions v. fuiriez ils fuiraient	je fuie tu fuies il fuie n. fuyions v. fuyiez ils fuient	je fuisse tu fuisses il fuît n. fuissions v. fuissiez ils fuissent	fuis fuyons fuyez	s'enfuir
je mourrais tu mourrais il mourrait n. mourrions v. mourriez ils mourraient	je meure tu meures il meure n. mourions v. mouriez ils meurent	je mourusse tu mourusses il mourût n. mourussions v. mourussiez ils mourussent	meurs mourons mourez	

不定形 分詞形	直説法			
	現在	半過去	単純過去	単純未来
17. venir 来る venant venu	je viens tu viens il vient n. venons v. venez ils viennent	je venais tu venais il venait n. venions v. veniez ils venaient	je vins tu vins il vint n. vînmes v. vîntes ils vinrent	je viendrai tu viendras il viendra n. viendrons v. viendrez ils viendront
18. offrir 贈る offrant offert	j' offre tu offres il offre n. offrons v. offrez ils offrent	j' offrais tu offrais il offrait n. offrions v. offriez ils offraient	j' offris tu offris il offrit n. offrîmes v. offrîtes ils offrirent	j' offrirai tu offriras il offrira n. offrirons v. offrirez ils offriront
19. descendre 降りる descendant descendu	je descends tu descends il descend n. descendons v. descendez ils descendent	je descendais tu descendais il descendait n. descendions v. descendiez ils descendaient	je descendis tu descendis il descendit n. descendîmes v. descendîtes ils descendirent	je descendrai tu descendras il descendra n. descendrons v. descendrez ils descendront
20. mettre 置く mettant mis	je mets tu mets il met n. mettons v. mettez ils mettent	je mettais tu mettais il mettait n. mettions v. mettiez ils mettaient	je mis tu mis il mit n. mîmes v. mîtes ils mirent	je mettrai tu mettras il mettra n. mettrons v. mettrez ils mettront
21. battre 打つ battant battu	je bats tu bats il bat n. battons v. battez ils battent	je battais tu battais il battait n. battions v. battiez ils battaient	je battis tu battis il battit n. battîmes v. battîtes ils battirent	je battrai tu battras il battra n. battrons v. battrez ils battront
22. suivre ついて行く suivant suivi	je suis tu suis il suit n. suivons v. suivez ils suivent	je suivais tu suivais il suivait n. suivions v. suiviez ils suivaient	je suivis tu suivis il suivit n. suivîmes v. suivîtes ils suivirent	je suivrai tu suivras il suivra n. suivrons v. suivrez ils suivront
23. vivre 生きる vivant vécu	je vis tu vis il vit n. vivons v. vivez ils vivent	je vivais tu vivais il vivait n. vivions v. viviez ils vivaient	je vécus tu vécus il vécut n. vécûmes v. vécûtes ils vécurent	je vivrai tu vivras il vivra n. vivrons v. vivrez ils vivront
24. écrire 書く écrivant écrit	j' écris tu écris il écrit n. écrivons v. écrivez ils écrivent	j' écrivais tu écrivais il écrivait n. écrivions v. écriviez ils écrivaient	j' écrivis tu écrivis il écrivit n. écrivîmes v. écrivîtes ils écrivirent	j' écrirai tu écriras il écrira n. écrirons v. écrirez ils écriront

動詞変化表

条件法 現在	接続法 現在	接続法 半過去	命令法 現在	同型活用の動詞（注意）
je viendrais tu viendrais il viendrait n. viendrions v. viendriez ils viendraient	je vienne tu viennes il vienne n. venions v. veniez ils viennent	je vinsse tu vinsses il vînt n. vinssions v. vinssiez ils vinssent	viens venons venez	convenir, devenir, provenir, revenir, se souvenir ; tenir, appartenir, maintenir, obtenir, retenir, soutenir
j' offrirais tu offrirais il offrirait n. offririons v. offririez ils offriraient	j' offre tu offres il offre n. offrions v. offriez ils offrent	j' offrisse tu offrisses il offrît n. offrissions v. offrissiez ils offrissent	offre offrons offrez	couvrir, découvrir, ouvrir, souffrir
je descendrais tu descendrais il descendrait n. descendrions v. descendriez ils descendraient	je descende tu descendes il descende n. descendions v. descendiez ils descendent	je descendisse tu descendisses il descendît n. descendissions v. descendissiez ils descendissent	descends descendons descendez	attendre, défendre, rendre, entendre, perdre, prétendre, répondre, tendre, vendre
je mettrais tu mettrais il mettrait n. mettrions v. mettriez ils mettraient	je mette tu mettes il mette n. mettions v. mettiez ils mettent	je misse tu misses il mît n. missions v. missiez ils missent	mets mettons mettez	admettre, commettre, permettre, promettre, remettre, soumettre
je battrais tu battrais il battrait n. battrions v. battriez ils battraient	je batte tu battes il batte n. battions v. battiez ils battent	je battisse tu battisses il battît n. battissions v. battissiez ils battissent	bats battons battez	abattre, combattre
je suivrais tu suivrais il suivrait n. suivrions v. suivriez ils suivraient	je suive tu suives il suive n. suivions v. suiviez ils suivent	je suivisse tu suivisses il suivît n. suivissions v. suivissiez ils suivissent	suis suivons suivez	poursuivre
je vivrais tu vivrais il vivrait n. vivrions v. vivriez ils vivraient	je vive tu vives il vive n. vivions v. viviez ils vivent	je vécusse tu vécusses il vécût n. vécussions v. vécussiez ils vécussent	vis vivons vivez	
j' écrirais tu écrirais il écrirait n. écririons v. écririez ils écriraient	j' écrive tu écrives il écrive n. écrivions v. écriviez ils écrivent	j' écrivisse tu écrivisses il écrivît n. écrivissions v. écrivissiez ils écrivissent	écris écrivons écrivez	décrire, inscrire

不定形 分詞形	直説法			
	現在	半過去	単純過去	単純未来
25. connaître 知っている connaissant connu	je connais tu connais il connaît n. connaissons v. connaissez ils connaissent	je connaissais tu connaissais il connaissait n. connaissions v. connaissiez ils connaissaient	je connus tu connus il connut n. connûmes v. connûtes ils connurent	je connaîtrai tu connaîtras il connaîtra n. connaîtrons v. connaîtrez ils connaîtront
26. naître 生まれる naissant né	je nais tu nais il naît n. naissons v. naissez ils naissent	je naissais tu naissais il naissait n. naissions v. naissiez ils naissaient	je naquis tu naquis il naquit n. naquîmes v. naquîtes ils naquirent	je naîtrai tu naîtras il naîtra n. naîtrons v. naîtrez ils naîtront
27. conduire みちびく conduisant conduit	je conduis tu conduis il conduit n. conduisons v. conduisez ils conduisent	je conduisais tu conduisais il conduisait n. conduisions v. conduisiez ils conduisaient	je conduisis tu conduisis il conduisit n. conduisîmes v. conduisîtes ils conduisirent	je conduirai tu conduiras il conduira n. conduirons v. conduirez ils conduiront
28. suffire 足りる suffisant suffi	je suffis tu suffis il suffit n. suffisons v. suffisez ils suffisent	je suffisais tu suffisais il suffisait n. suffisions v. suffisiez ils suffisaient	je suffis tu suffis il suffit n. suffîmes v. suffîtes ils suffirent	je suffirai tu suffiras il suffira n. suffirons v. suffirez ils suffiront
29. lire 読む lisant lu	je lis tu lis il lit n. lisons v. lisez ils lisent	je lisais tu lisais il lisait n. lisions v. lisiez ils lisaient	je lus tu lus il lut n. lûmes v. lûtes ils lurent	je lirai tu liras il lira n. lirons v. lirez ils liront
30. plaire 気に入る plaisant plu	je plais tu plais il plaît n. plaisons v. plaisez ils plaisent	je plaisais tu plaisais il plaisait n. plaisions v. plaisiez ils plaisaient	je plus tu plus il plut n. plûmes v. plûtes ils plurent	je plairai tu plairas il plaira n. plairons v. plairez ils plairont
31. dire 言う disant dit	je dis tu dis il dit n. disons v. dites ils disent	je disais tu disais il disait n. disions v. disiez ils disaient	je dis tu dis il dit n. dîmes v. dîtes ils dirent	je dirai tu diras il dira n. dirons v. direz ils diront
32. faire する faisant [fəzɑ̃] fait	je fais tu fais il fait n. faisons [fəzɔ̃] v. faites ils font	je faisais [fəzɛ] tu faisais il faisait n. faisions v. faisiez ils faisaient	je fis tu fis il fit n. fîmes v. fîtes ils firent	je ferai tu feras il fera n. ferons v. ferez ils feront

動詞変化表

条件法 現在	接続法 現在	接続法 半過去	命令法 現在	同型活用の動詞（注意）
je connaîtrais tu connaîtrais il connaîtrait n. connaîtrions v. connaîtriez ils connaîtraient	je connaisse tu connaisses il connaisse n. connaissions v. connaissiez ils connaissent	je connusse tu connusses il connût n. connussions v. connussiez ils connussent	connais connaissons connaissez	reconnaître ; paraître, apparaître, disparaître （t の前で i → î）
je naîtrais tu naîtrais il naîtrait n. naîtrions v. naîtriez ils naîtraient	je naisse tu naisses il naisse n. naissions v. naissiez ils naissent	je naquisse tu naquisses il naquît n. naquissions v. naquissiez ils naquissent	nais naissons naissez	renaître （t の前で i → î）
je conduirais tu conduirais il conduirait n. conduirions v. conduiriez ils conduiraient	je conduise tu conduises il conduise n. conduisions v. conduisiez ils conduisent	je conduisisse tu conduisisses il conduisît n. conduisissions v. conduisissiez ils conduisissent	conduis conduisons conduisez	introduire, produire, traduire ; construire, détruire
je suffirais tu suffirais il suffirait n. suffirions v. suffiriez ils suffiraient	je suffise tu suffises il suffise n. suffisions v. suffisiez ils suffisent	je suffisse tu suffisses il suffît n. suffissions v. suffissiez ils suffissent	suffis suffisons suffisez	
je lirais tu lirais il lirait n. lirions v. liriez ils liraient	je lise tu lises il lise n. lisions v. lisiez ils lisent	je lusse tu lusses il lût n. lussions v. lussiez ils lussent	lis lisons lisez	élire, relire
je plairais tu plairais il plairait n. plairions v. plairiez ils plairaient	je plaise tu plaises il plaise n. plaisions v. plaisiez ils plaisent	je plusse tu plusses il plût n. plussions v. plussiez ils plussent	plais plaisons plaisez	déplaire, taire （ただし taire の直・現・ 3 人称単数 il tait）
je dirais tu dirais il dirait n. dirions v. diriez ils diraient	je dise tu dises il dise n. disions v. disiez ils disent	je disse tu disses il dît n. dissions v. dissiez ils dissent	dis disons dites	redire
je ferais tu ferais il ferait n. ferions v. feriez ils feraient	je fasse tu fasses il fasse n. fassions v. fassiez ils fassent	je fisse tu fisses il fît n. fissions v. fissiez ils fissent	fais faisons faites	défaire, refaire, satisfaire

不定形 分詞形	直 説 法			
	現 在	半 過 去	単 純 過 去	単 純 未 来
33. rire 笑う riant ri	je ris tu ris il rit n. rions v. riez ils rient	je riais tu riais il riait n. riions v. riiez ils riaient	je ris tu ris il rit n. rîmes v. rîtes ils rirent	je rirai tu riras il rira n. rirons v. rirez ils riront
34. croire 信じる croyant cru	je crois tu crois il croit n. croyons v. croyez ils croient	je croyais tu croyais il croyait n. croyions v. croyiez ils croyaient	je crus tu crus il crut n. crûmes v. crûtes ils crurent	je croirai tu croiras il croira n. croirons v. croirez ils croiront
35. craindre おそれる craignant craint	je crains tu crains il craint n. craignons v. craignez ils craignent	je craignais tu craignais il craignait n. craignions v. craigniez ils craignaient	je craignis tu craignis il craignit n. craignîmes v. craignîtes ils craignirent	je craindrai tu craindras il craindra n. craindrons v. craindrez ils craindront
36. prendre とる prenant pris	je prends tu prends il prend n. prenons v. prenez ils prennent	je prenais tu prenais il prenait n. prenions v. preniez ils prenaient	je pris tu pris il prit n. prîmes v. prîtes ils prirent	je prendrai tu prendras il prendra n. prendrons v. prendrez ils prendront
37. boire 飲む buvant bu	je bois tu bois il boit n. buvons v. buvez ils boivent	je buvais tu buvais il buvait n. buvions v. buviez ils buvaient	je bus tu bus il but n. bûmes v. bûtes ils burent	je boirai tu boiras il boira n. boirons v. boirez ils boiront
38. voir 見る voyant vu	je vois tu vois il voit n. voyons v. voyez ils voient	je voyais tu voyais il voyait n. voyions v. voyiez ils voyaient	je vis tu vis il vit n. vîmes v. vîtes ils virent	je verrai tu verras il verra n. verrons v. verrez ils verront
39. asseoir 座らせる asseyant assoyant assis	j' assieds tu assieds il assied n. asseyons v. asseyez ils asseyent j' assois tu assois il assoit n. assoyons v. assoyez ils assoient	j' asseyais tu asseyais il asseyait n. asseyions v. asseyiez ils asseyaient j' assoyais tu assoyais il assoyait n. assoyions v. assoyiez ils assoyaient	j' assis tu assis il assit n. assîmes v. assîtes ils assirent	j' assiérai tu assiéras il assiéra n. assiérons v. assiérez ils assiéront j' assoirai tu assoiras il assoira n. assoirons v. assoirez ils assoiront

条件法 現在	接続法 現在	半過去	命令法 現在	同型活用の動詞（注意）
je rirais tu rirais il rirait n. ririons v. ririez ils riraient	je rie tu ries il rie n. riions v. riiez ils rient	je risse tu risses il rît n. rissions v. rissiez ils rissent	ris rions riez	sourire
je croirais tu croirais il croirait n. croirions v. croiriez ils croiraient	je croie tu croies il croie n. croyions v. croyiez ils croient	je crusse tu crusses il crût n. crussions v. crussiez ils crussent	crois croyons croyez	
je craindrais tu craindrais il craindrait n. craindrions v. craindriez ils craindraient	je craigne tu craignes il craigne n. craignions v. craigniez ils craignent	je craignisse tu craignisses il craignît n. craignissions v. craignissiez ils craignissent	crains craignons craignez	plaindre ; atteindre, éteindre, peindre; joindre, rejoindre
je prendrais tu prendrais il prendrait n. prendrions v. prendriez ils prendraient	je prenne tu prennes il prenne n. prenions v. preniez ils prennent	je prisse tu prisses il prît n. prissions v. prissiez ils prissent	prends prenons prenez	apprendre, comprendre, surprendre
je boirais tu boirais il boirait n. boirions v. boiriez ils boiraient	je boive tu boives il boive n. buvions v. buviez ils boivent	je busse tu busses il bût n. bussions v. bussiez ils bussent	bois buvons buvez	
je verrais tu verrais il verrait n. verrions v. verriez ils verraient	je voie tu voies il voie n. voyions v. voyiez ils voient	je visse tu visses il vît n. vissions v. vissiez ils vissent	vois voyons voyez	revoir
j' assiérais tu assiérais il assiérait n. assiérions v. assiériez ils assiéraient	j' asseye tu asseyes il asseye n. asseyions v. asseyiez ils asseyent	j' assisse tu assisses il assît n. assissions v. assissiez ils assissent	assieds asseyons asseyez	（代名動詞 s'asseoir として用いられることが多い．下段は俗語調）
j' assoirais tu assoirais il assoirait n. assoirions v. assoiriez ils assoiraient	j' assoie tu assoies il assoie n. assoyions v. assoyiez ils assoient		assois assoyons assoyez	

不定形 分詞形	直説法			
	現在	半過去	単純過去	単純未来
40. recevoir 受取る recevant reçu	je reçois tu reçois il reçoit n. recevons v. recevez ils reçoivent	je recevais tu recevais il recevait n. recevions v. receviez ils recevaient	je reçus tu reçus il reçut n. reçûmes v. reçûtes ils reçurent	je recevrai tu recevras il recevra n. recevrons v. recevrez ils recevront
41. devoir ねばならぬ devant dû, due dus, dues	je dois tu dois il doit n. devons v. devez ils doivent	je devais tu devais il devait n. devions v. deviez ils devaient	je dus tu dus il dut n. dûmes v. dûtes ils durent	je devrai tu devras il devra n. devrons v. devrez ils devront
42. pouvoir できる pouvant pu	je peux (puis) tu peux il peut n. pouvons v. pouvez ils peuvent	je pouvais tu pouvais il pouvait n. pouvions v. pouviez ils pouvaient	je pus tu pus il put n. pûmes v. pûtes ils purent	je pourrai tu pourras il pourra n. pourrons v. pourrez ils pourront
43. vouloir のぞむ voulant voulu	je veux tu veux il veut n. voulons v. voulez ils veulent	je voulais tu voulais il voulait n. voulions v. vouliez ils voulaient	je voulus tu voulus il voulut n. voulûmes v. voulûtes ils voulurent	je voudrai tu voudras il voudra n. voudrons v. voudrez ils voudront
44. savoir 知っている sachant su	je sais tu sais il sait n. savons v. savez ils savent	je savais tu savais il savait n. savions v. saviez ils savaient	je sus tu sus il sut n. sûmes v. sûtes ils surent	je saurai tu sauras il saura n. saurons v. saurez ils sauront
45. valoir 価値がある valant valu	je vaux tu vaux il vaut n. valons v. valez ils valent	je valais tu valais il valait n. valions v. valiez ils valaient	je valus tu valus il valut n. valûmes v. valûtes ils valurent	je vaudrai tu vaudras il vaudra n. vaudrons v. vaudrez ils vaudront
46. falloir 必要である — fallu	il faut	il fallait	il fallut	il faudra
47. pleuvoir 雨が降る pleuvant plu	il pleut	il pleuvait	il plut	il pleuvra

動詞変化表

条件法	接続法		命令法	同型活用の動詞（注意）
現在	現在	半過去	現在	
je recevrais tu recevrais il recevrait n. recevrions v. recevriez ils recevraient	je reçoive tu reçoives il reçoive n. recevions v. receviez ils reçoivent	je reçusse tu reçusses il reçût n. reçussions v. reçussiez ils reçussent	reçois recevons recevez	apercevoir, concevoir
je devrais tu devrais il devrait n. devrions v. devriez ils devraient	je doive tu doives il doive n. devions v. deviez ils doivent	je dusse tu dusses il dût n. dussions v. dussiez ils dussent		（過去分詞は du=de+le と区別するために男性単数のみ dû と綴る）
je pourrais tu pourrais il pourrait n. pourrions v. pourriez ils pourraient	je puisse tu puisses il puisse n. puissions v. puissiez ils puissent	je pusse tu pusses il pût n. pussions v. pussiez ils pussent		
je voudrais tu voudrais il voudrait n. voudrions v. voudriez ils voudraient	je veuille tu veuilles il veuille n. voulions v. vouliez ils veuillent	je voulusse tu voulusses il voulût n. voulussions v. voulussiez ils voulussent	veuille veuillons veuillez	
je saurais tu saurais il saurait n. saurions v. sauriez ils sauraient	je sache tu saches il sache n. sachions v. sachiez ils sachent	je susse tu susses il sût n. sussions v. sussiez ils sussent	sache sachons sachez	
je vaudrais tu vaudrais il vaudrait n. vaudrions v. vaudriez ils vaudraient	je vaille tu vailles il vaille n. valions v. valiez ils vaillent	je valusse tu valusses il valût n. valussions v. valussiez ils valussent		
il faudrait	il faille	il fallût		
il pleuvrait	il pleuve	il plût		

Acteur·rice·s & réalisateur·rice·s : Mimaï, Emeline LEROY & Gaëtan DELALEU
Avec la participation de : Miyû MITAKE-LEROY & Louis ABE-ROBUCHON
Tournage & photos : Patrice LEROY

レフレクション
異文化理解のフランス語

| 検印省略 | ©2019 年 1 月 31 日　初版発行 |

著　者　　　　　パトリス　ルロワ
　　　　　　　　國枝　孝弘

発行者　　　　　原　雅久

発行所　　　　株式会社　朝日出版社
　　　〒101-0065 東京都千代田区西神田 3-3-5
　　　　　　TEL（03）3239-0271・72（直通）
　　　　　振替講座　東京　00140-2-46008
　　　　　　http://www.asahipress.com/
　　　　　　　　　　　明昌堂

乱丁・落丁本はお取り替えいたします
ISBN978-4-255-35297-8 C1085

本書の一部あるいは全部を無断で複写複製（撮影・デジタル化を含む）
及び転載することは、法律上で認められた場合を除き、禁じられてます。